天津城建大学"十四五"规划教材

土地资源管理综合实验教程

黄凌翔　李雪梅　等　编著

南开大学出版社
NANKAI UNIVERSITY PRESS
天　津

图书在版编目(CIP)数据

土地资源管理综合实验教程 / 黄凌翔等编著.
天津：南开大学出版社，2025.3. — ISBN 978-7-310
-06706-0

Ⅰ.F301.2

中国国家版本馆 CIP 数据核字第 2025LN4063 号

版权所有　侵权必究

土地资源管理综合实验教程

TUDI ZIYUAN GUANLI ZONGHE SHIYAN JIAOCHENG

南开大学出版社出版发行

出版人：刘文华

地址：天津市南开区卫津路 94 号　　邮政编码：300071
营销部电话：(022)23508339　营销部传真：(022)23508542
https://nkup.nankai.edu.cn

天津创先河普业印刷有限公司印刷　全国各地新华书店经销
2025 年 3 月第 1 版　　2025 年 3 月第 1 次印刷
260×185 毫米　16 开本　15.25 印张　1 插页　340 千字
定价：76.00 元

如遇图书印装质量问题,请与本社营销部联系调换,电话:(022)23508339

目　录

前　言

　　土地资源管理是应用性很强且不断发展的一门学科，在人才培养中，常需运用很多实验教学手段训练和培养学生的思维能力和动手能力。目前市场上鲜见能结合专业热点问题、系统指导学生开展实践教学的专业性教材，鉴于此，我们根据平时积累的教学经验和已开展的各项教学实践活动尝试性地编写了本教程，期望能巩固学生对我国土地利用、土地经济、土地规划等方面的科学认识，提升学生的职业素养和实践动手能力。

　　本教程分为上下两篇，共 16 章，其中上篇为基础技能训练模块，包括遥感影像解译、土地资源调查、全球卫星导航定位系统、地理信息系统空间分析、地图制图、地籍调查等 6 章；下篇为综合技能训练模块，包括土地适宜性评价、建设项目节地评价、城镇土地基准地价评估、ArcGIS 中基于不同交通方式下城市可达性的实现、公园配置可达性水平测度、土地整治项目规划设计、村庄规划、土地征收社会稳定风险评估、土地征收成片开发和土地供给政策经济绩效评价等 10 章。

　　本书编写人员多年来从事土地资源管理、地理信息系统、城市管理等相关专业的教学和科研，具有扎实的理论基础和良好的科研经历。具体撰写分工如下：黄凌翔负责总体设计，以及第十章、第十一章和第十六章的编写；周克昊负责第一章和第四章的编写；陈竹负责第二章的编写；付艳华负责第三章、第十二章和第十三章的编写；池砚负责第五章的编写；李雪梅负责第六章、第十四章和第十五章的编写；张贞负责第七章和第八章的编写；刘美负责第九章的编写和相关材料的汇总整理。

　　本教程虽然以土地资源管理专业相关教学内容为主，但考虑到学科的交叉特点以及相关技能在其他领域使用的可行性，亦可作为城市管理、城市规划等专业的参考教程。

　　由于编写组知识水平有限，书中难免有不尽合理和疏漏之处，敬请各位专家、同行提出宝贵意见和建议。

上　篇
基础技能训练模块

第一章 遥感影像解译实习方案

1. 目的、关键技能与准备

1.1 实习目的

　　遥感数据获取、处理与解译是土地利用数据获取的基本方法。本实习结合遥感数据处理与应用等相关课程的理论知识，旨在培养学生根据实际应用目的，在深入了解研究区自然社会经济条件的基础上，获取研究区遥感影像，并借助专业遥感处理软件进行遥感数据预处理、分类、分类后处理等操作，从而提取土地利用数据的能力。通过分组教学，培养学生从严从实、同心协力的精神。

1.2 关键技能

　　本实习涉及的基础技能：遥感影像的获取。
　　本实习学习的关键技能：（1）遥感数据的镶嵌与裁剪；（2）遥感影像增强；（3）遥感影像的判读与分类。

1.3 资料准备

　　（1）软件准备：ENVI 5.3；
　　（2）所需图件：某地区 Landsat 遥感影像数据、某地区行政区范围的矢量文件。

2. 实习任务

　　完成以下任务并编写项目报告：
　　（1）熟悉 ENVI 遥感影像处理软件，并熟悉中等分辨率影像中地物判读方法；
　　（2）熟悉遥感影像的镶嵌与裁剪方法；
　　（3）熟悉遥感影像增强的方法，包括图像对比度增强、图像平滑与锐化、多光谱变换等图像增强的常用方法；
　　（4）熟悉中等分辨率遥感影像分类的常用方法，包括监督分类和非监督分类方法。

3. 实习相关基本原理和方法

3.1 遥感影像镶嵌

图像镶嵌是将多幅具有重叠部分的图像制作成一幅没有重叠的涵盖更大范围的新图像，主要包括基于像元的拼接方法和无缝拼接方法。

本实习要求学生能够采用无缝拼接方法对两幅或多幅影像进行镶嵌。

3.2 遥感影像裁剪

影像裁剪是利用规则图形或不规则矢量数据裁剪出所需区域的影像。根据用于裁剪数据的形状可分为规则分幅裁剪和不规则分幅裁剪的方法。

本实习要求学生能够利用某一特定区域的矢量数据，对影像进行裁剪，从而获取该区域范围内的遥感影像数据。

3.3 遥感影像增强

当一幅图像的目视效果不太好，或者有用信息突出不够时，就需要做图像增强处理。因此，图像增强的主要目的是提高图像质量和突出所需信息，从而有利于分析判读和进一步处理。对遥感图像进行图像增强的常用方法包括辐射增强、卷积滤波、色彩拉伸、多光谱变换、图像运算等。

本实习要求学生针对原始影像的特点，选择合适的图像增强方法对影像进行增强处理，提高影像的可读性。

3.4 遥感影像分类

遥感影像分类是根据遥感图像的光谱特征、空间结构等信息，按某种规则或算法将图像划分为不同类别的过程。根据是否需要先验知识，遥感图像的分类方法分为监督分类和非监督分类两大类。非监督分类不需要已知训练样本，主要采用聚类分析方法，即把一组像素按照相似性归成若干类别，使得同一类别的像素之间的距离尽可能地小而不同类别的像素之间的距离尽可能地大。常用的非监督分类方法有 ISOData 分类和 K-Means 分类方法。监督分类是从研究区域选择有代表性的训练场地作为样本，根据已知训练区提供的样本，通过选择特征参数（如像素亮度均值、方差等），建立判别函数，据此对样本像元进行分类，依据样本类别的特征来识别非样本像元的归属类别。常用的监督分类方法有最大似然法、最小距离法等。

本教程要求学生分别采用非监督分类和监督分类的常用方法对研究区影像进行分类，并对分类结果进行评价和应用。

4.　操作步骤

4.1　遥感影像镶嵌

步骤 1. 打开 ENVI 5.3，在菜单栏中选择 File>Open As>Optical Sensors>Landsat>GeoTIFF with Metadata，选中"Mosaic"文件夹中的"LC08_L1TP_122033_20200422_20200508_01_T1_MTL"文件和"LC08_L1TP_123033_20200429_20200509_01_T1_MTL"文件，影像数据将通过真彩色显示。

步骤 2. 在"Toolbox"工具箱中，点击"Mosaicking"，双击"Seamless Mosaic"，弹出"Seamless Mosaic"对话框，点击"Add Scenes"按钮 ✚，在"File Selection"对话框中选择待镶嵌的两幅多光谱波段影像"LC08_L1TP_122033_20200422_20200508_01_T1_MTL_MultiSpectral"和"LC08_L1TP_123033_20200429_20200509_01_T1_MTL_MultiSpectral"，点击"OK"，两幅影像被加载到"Seamless Mosaic"对话框中，如图 1-1 所示。

图 1-1　"Main"选项卡设置

步骤 3. 点击"Color Correction"选项卡，勾选"Histogram Matching"（直方图匹配），选择"Overlap Area Only"（仅用于重叠区域），统计重叠区域直方图进行匹配，如图 1-2 所示。

图 1-2 "Color Correction"选项卡设置

步骤 4. 点击"Seamlines/Feathering"选项卡，在"Feathering"下选择"None"（不使用羽化处理），如图 1-3 所示。

图 1-3 "Seamlines/Feathering"选项卡设置

步骤 5. 点击"Export"选项卡，"Output Format"选择"ENVI"，在"Output Filename"中设置输出路径和文件名，勾选"Display result"，设置背景值为"1"，"Resampling Method"选择"Cubic Convolution"（三次卷积法重采样），如图 1-4 所示。

图 1-4　"Export"选项卡设置

步骤 6. 单击"Finish"按钮，执行影像镶嵌操作，镶嵌结果如图 1-5 所示。

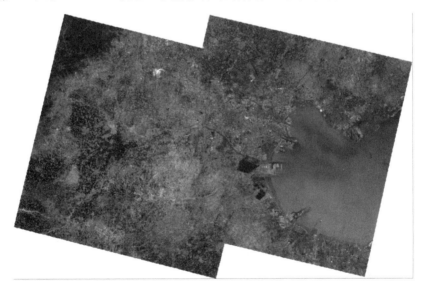

图 1-5　影像镶嵌结果

4.2 遥感影像裁剪

4.2.1 规则裁剪

规则裁剪可以得到矩形区域的影像。具体操作如下：

步骤 1. 在菜单栏中点击 File>Open，选择"subset"文件夹中的"mosaic.dat"文件，打开待裁剪图像。

步骤 2. 在"Toolbox"工具箱中，点击"Raster Management"，双击"Resize Data"，打开"Resize Data Input File"对话框，选择"mosaic.dat"，如图 1-6 所示。

图 1-6 "Resize Data Input File"对话框

步骤 3. 点击"Spatial Subset"按钮，弹出"Select Spatial Subset"（选择空间子集）对话框，点击"Image"，弹出"Subset by Image"（按图像范围裁剪）窗口，在"Samples"中输入"2000"，在"Lines"中输入"1000"，确定用以裁剪的矩形范围大小，移动红色十字光标于矩形内，按住鼠标左键拖动矩形框到需要裁剪的位置，如图 1-7 所示，点击"OK"。

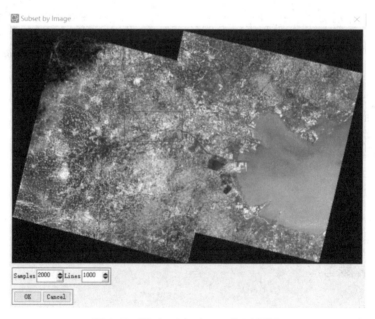

图 1-7 "Subset by Image"对话框

步骤 4. 在"Select Spatial Subset"对话框中点击"OK"，在"Resize Data Input File"对话框中点击"OK"，弹出"Resize Data Parameters"对话框，"Resampling"选择"Nearest Neighbor"，点击"Enter Output Filename"后的"Choose"按钮设置输出路径和文件名，如图 1-8 所示。

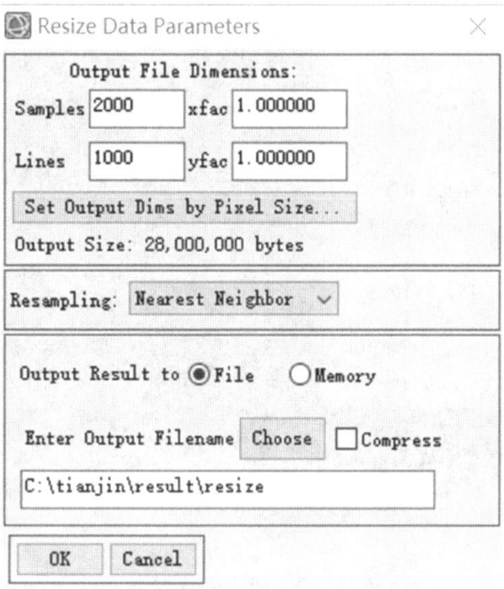

图 1-8　"Resize Data Parameters"对话框

步骤 5. 点击"OK"，执行影像裁剪，结果如图 1-9 所示。

图 1-9　规则裁剪结果

4.2.2 不规则裁剪

不规则裁剪可以得到任意多边形区域的影像。具体操作如下：

步骤 1. 打开影像文件"mosaic.dat"。

步骤 2. 单击主窗体中的"Region of Interest (ROI) Tool"按钮 ，弹出"Region of Interest (ROI) Tool"对话框。

步骤 3. 在"Region of Interest (ROI) Tool"对话框中，点击"New ROI"按钮 ，在影像图上通过点击鼠标绘制感兴趣区范围，即裁剪范围，如图 1-10 所示。

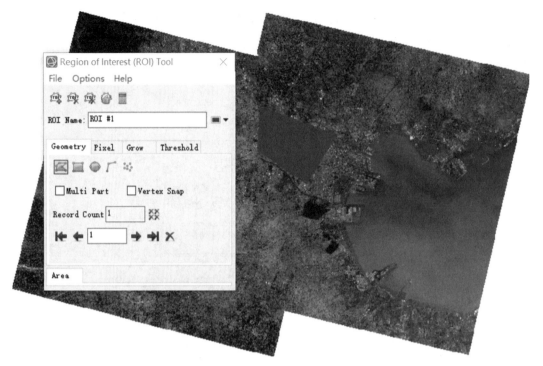

图 1-10　感兴趣区绘制

步骤 4. 在"Region of Interest (ROI) Tool"对话框中，选择 Options>Subset Data via ROIs…，弹出"Spatial Subset via ROI Parameters"对话框，"Mask pixels outside of ROI?"选择"Yes"，"Mask Background Value"设为"1"，点击"Enter Output Filename"后的"Choose"按钮设置输出路径和文件名，如图 1-11 所示。

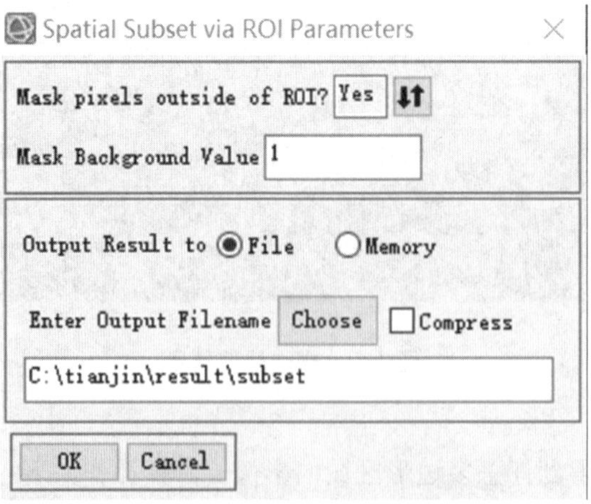

图 1-11　"Spatial Subset via ROI Parameters"对话框

步骤 5. 点击"OK"，执行影像裁剪，输出裁剪后的影像，如图 1-12 所示。

图 1-12　不规则裁剪结果

4.2.3 利用已有矢量多边形裁剪

以裁剪出某个特定区域的影像为例，具体操作如下：

步骤 1. 打开影像文件"mosaic.dat"，按同样的方法打开"subset"文件夹中的"region.shp"矢量文件。

步骤 2. 在"Toolbox"工具箱中，点击"Region of Interest"，双击"Subset data from ROIs"，弹出"Select Input File to Subset via ROI"对话框，选择"mosaic.dat"，点击"OK"。

步骤 3. 弹出"Spatial Subset via ROI Parameters"对话框，在"Select Input ROIs"下选择"EVF：region.shp"，"Mask pixels outside of ROI?"选择"Yes"，"Mask Background Value"设为"1"，点击"Enter Output Filename"后的"Choose"按钮设置输出路径和文件名，如图 1-13 所示。

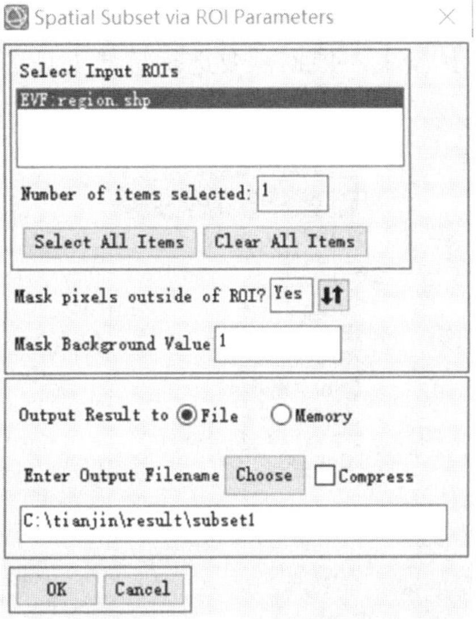

图 1-13　"Spatial Subset via ROI Parameters"对话框

步骤 4. 点击"OK",执行影像裁剪,结果如图 1-14 所示。

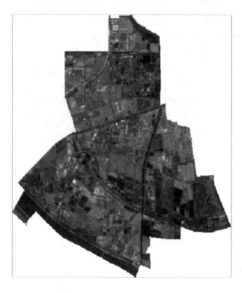

图 1-14　矢量多边形裁剪结果

4.3 遥感影像增强

4.3.1 辐射增强

辐射增强处理是通过对单个像元的灰度值进行变换处理来增强图像,如直方图匹配、直方图拉伸、去除条带噪声处理等。ENVI 5.1 及更高版本中提供的常用拉伸方法有线性拉伸(Linear,Linear 1%,Linear 2%,Linear 5%)、均衡拉伸(Equalization)、高斯拉伸(Gaussian)、平方根拉伸(Square Root)等。具体操作如下:

步骤 1. 启动 ENVI 5.3,打开"enhance"文件夹中的影像文件"subset1.dat"。

步骤 2. 在"窗体"工具条上,根据需要选择拉伸工具进行相应的拉伸,如图 1-15 所示。

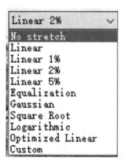

图 1-15　"拉伸"工具条

4.3.2 卷积滤波

卷积滤波根据增强类型的不同可分为低通滤波、带通滤波和高通滤波。高通滤波可以增强图像的纹理、边缘等信息,锐化图像,具体操作步骤如下:

步骤 1. 打开图像数据文件"subset1.dat"。

步骤 2. 在"Toolbox"工具箱中,选择"Filter",双击"Convolutions and Morphology",打开"Convolutions and Morphology Tool"对话框。

步骤 3. 点击"Convolutions",选择滤波类型为"High Pass","Kernel Size"(卷积核大小)设置为"3*3","Image Add Back"(图像加回值)按需要选择,此处输入"80","Editable Kernel"(编辑卷积核)采用默认的卷积核,如图 1-16 所示。

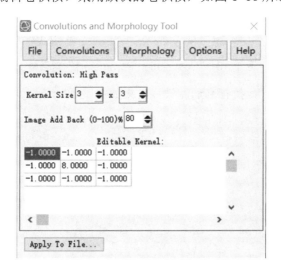

图 1-16 "Convolutions and Morphology Tool"对话框

步骤 4. 点击"Apply To File…"按钮,弹出"Convolution Input File"对话框,选择"subset1",如图 1-17 所示。

图 1-17 "Convolution Input File"对话框

步骤 5. 点击"OK",弹出"Convolution Parameters"对话框,点击"Enter Output Filename"后的"Choose"按钮设置输出路径和文件名,如图 1-18 所示。

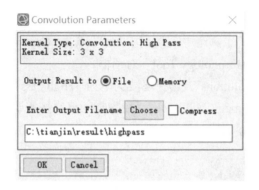

图 1-18　"Convolution Parameters" 对话框

步骤 6. 点击"OK"，执行高通滤波，结果如图 1-19 所示。

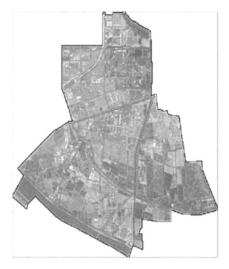

图 1-19　高通滤波结果

4.3.3　去相关拉伸

去相关拉伸能有效地放大多光谱影像中相关程度低的信息，提高合成图像的饱和度，保留色度特征和波谱特征。具体操作如下：

步骤 1. 打开影像文件"subset1.dat"。

步骤 2. 在"Toolbox"工具箱中，点击"Transform"，双击"Decorrelation Stretch"，打开"Decorrelation Stretch Input Bands"对话框。

步骤 3. 选择三个波段作为输入图像。

步骤 4. 点击"OK"，点击"Enter Output Filename"后的"Choose"按钮设置输出路径和文件名，点击"OK"，输出变换后的影像。

4.3.4　主成分变换（PCA 变换）

PCA 变换是通过多光谱变换实现图像增强的常用方法之一。PCA 变换的具体操作步骤如下：

步骤 1. 打开影像文件"subset1.dat"。

步骤 2. 在"Toolbox"工具箱中，点击 Transform>PCA Rotation，双击"Forward PCA Rotation New Statistics and Rotate"，打开"Principal Components Input Files"对话框，选择"subset1"。

步骤 3. 点击"OK"，弹出"Forward PC Parameters"对话框，点击"Enter Output Filename"后的"Choose"按钮设置输出路径和文件名，其他参数保持默认设置，如图 1-20 所示。

图 1-20　"Forward PC Parameters"对话框

步骤 4. 点击"OK"，完成主成分变换，弹出"PC Eigenvalues"窗口，显示出变换后 7 个主成分的特征值，发现主要信息集中于前两个主成分。

步骤 5. 点击工具栏中的"Data Manager"按钮，打开"Data Manager"窗口，依次点击"PCA"下的"PC Band 1（subset1）""PC Band 2（subset1）"和"PC Band 3（subset1）"，如图 1-21 所示。

图 1-21　"Data Manager"窗口

步骤 6. 点击"Load Data"按钮，增强后的彩色合成影像显示在视图窗口中。

4.3.5 NDVI 计算

归一化植被指数（Normalized Difference Vegetation Index，NDVI）计算可以将多光谱数据变换成一个单独的图像波段，用于显示植被分布。较高的 NDVI 值预示着包含较多的绿色植被。ENVI 的 NDVI 使用如式 1-1 所示的标准算法：

$$NDVI = \frac{NIR - Red}{NIR + Red} \tag{1-1}$$

式 1-1 中，*NIR* 和 *Red* 分别表示近红外波段和红光波段的反射率。

NDVI 值为-1 到 1 之间的数值。ENVI 已经为 Landsat OLI、Landsat TM、Landsat MSS、AVHRR、SPOT 和 AVIRIS 数据提前设置了相应波段，其他数据类型用户可以自己指定波段来计算。以 Landsat 8OLI 影像为例，具体操作如下：

步骤 1. 打开影像文件"subset1.dat"。

步骤 2. 在"Toolbox"工具箱中，点击 Spectral>Vegetation，双击"NDVI"，打开"NDVI Calculation Input File"对话框，选择"subset1"。

步骤 3. 单击"OK"，弹出"NDVI Calculation Parameters"对话框，"Input File Type"选择"Landsat OLI"，"NDVI Bands"自动显示默认值，点击"Enter Output Filename"后的"Choose"按钮设置输出路径和文件名，"Output Data Type"下拉列表选择输出类型为"Byte"（字节型）或"Floating Point"（浮点型）。如果选择字节型，获得的 NDVI 将被拉伸为 0-255 范围内；如果选择浮点型，NDVI 数值范围保持为-1 到 1 之间。如图 1-22 所示。

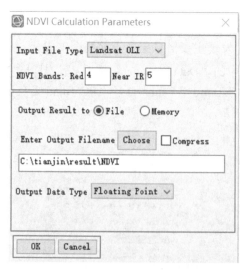

图 1-22 "NDVI Calculation Parameters"对话框

步骤 4. 点击"OK"，NDVI 图像显示在窗口中，如图 1-23 所示。如果要查看 NDVI 均值、方差等统计量，可以右键点击"Layer Manager"中的 NDVI 文件，选择"Quick Stats"进行查看。

图 1-23　NDVI 结果图像

4.4 遥感影像分类

4.4.1 非监督分类

（1）ISODATA 分类

以 ISODATA 分类为例，非监督分类的具体操作步骤如下：

步骤 1. 打开影像文件"subset1.dat"。

步骤 2. 在"Toolbox"工具箱中，点击 Classification>Unsupervised Classification，双击"ISOData Classification"，弹出"Classification Input File"对话框，点击"subset1"。

步骤 3. 点击"OK"，弹出"ISODATA Parameters"对话框，进行相关参数设置，如图 1-24 所示。

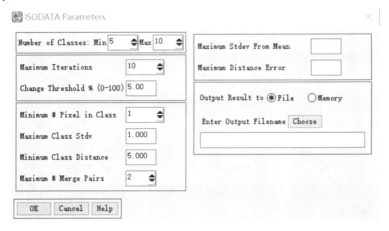

图 1-24　"ISODATA Parameters"对话框

步骤 4. 点击"Enter Output Filename"后的"Choose"按钮设置输出路径和文件名，点击"OK"，执行非监督分类，结果如图 1-25 所示。

图 1-25　非监督分类结果

（2）定义类别

在"Layer Management"中，右键点击 ISODATA 结果文件下的"Classes"，选择"Hide All Classes"，依次勾选显示每一个类别，通过目视解译识别出该类的名称。然后在"Layer Manager"中，右键点击"Classes"，选择"Edit Class Names and Colors"，可以更改选定类别的名称和颜色，点击"OK"，实现类别的定义。

（3）子类合并

在进行非监督分类时，设定的类型数量"10"是大于实际分类数量"6"的，因此还要对相同的子类进行合并。操作步骤如下：

步骤 1. 在"Toolbox"工具箱中，点击 Classification>Post Classification，双击"Combine Classes"。

步骤 2. 在弹出的"Combine Classes Input File"对话框中选择"ISODATA 分类结果文件"。

步骤 3. 点击"OK"，弹出"Combine Classes Parameters"对话框，左边"Select Input Class"选择要被合并的类别，右边"Select Output Class"选择要并入的类别，单击"Add Combination"添加到合并类别中。

步骤 4. 合并方案选好后，单击"OK"，弹出"Combine Classes Output"对话框，

"Remove Empty Classes"设置为"Yes"，点击"Enter Output Filename"后的"Choose"按钮设置输出路径和文件名，点击"OK"，执行子类合并。

4.4.2 监督分类

（1）创建训练样本

步骤 1. 打开"subset1.dat"，点击工具栏中的"Data Manager"按钮 📋，打开"Data Manager"窗口，右键点击"subset1"，点击"Load CIR"，显示出假彩色合成影像。

步骤 2. 分析研究区地类特征，确定分类类别为 farmland（耕地）、forest（林地）、bareland（裸地）、water（水域）、impervious（不透水面）五类，并建立各类用地与影像特征的对应关系，如表 1-1 所示。

表 1-1 地类判读标志

地类	判读标志
耕地	
林地	
裸地	
水域	
不透水面 1（城市建筑物）	

地类	判读标志
不透水面 2（农村居民点）	
不透水面 3（工业厂房）	

步骤 3. 创建训练样本，在"Layer Management"中右键点击"[1] subset1"，选择"New Region of Interest"，打开"Region of Interest (ROI) Tool"对话框。

步骤 4. ROI Name 后输入"farmland"，"颜色"下拉框选择"黄色"，"Geometry"选项卡中选择"Polygon"，然后在影像上找到对应的样本区，单击鼠标左键绘制耕地的训练样本，双击结束单个样本的绘制。

步骤 5. 完成耕地地类的训练样本创建后，在"Region of Interest (ROI) Tool"对话框中点击"New ROI"按钮，创建第二种地类的训练样本。按同样的方法创建完所有地类的训练样本，如图 1-26 所示。

图 1-26　监督分类训练样本创建

　　步骤 6. 在"Region of Interest (ROI) Tool"对话框中，选择"Options"，点击"Compute ROI Separately"，弹出"Choose ROIs"对话框，点击"Select All Items"。

　　步骤 7. 点击"OK"，计算任意类别间的可分离程度，计算完成后输出 ROI Separability Report（ROI 可分离性报表），如图 1-27 所示。两种类别间的可分离度数值为 0-2，大于 1.9 说明样本间的可分离性好，属于合格样本；小于 1.8 则需要重新选择样本。

图 1-27　可分离度结果输出

（2）执行监督分类

本例选用最大似然法执行监督分类，操作步骤如下：

　　步骤 1. 在"Toolbox"工具箱中，选择 Classification>Supervised Classification，双击"Maximum Likelihood Classification"，弹出"Classification Input File"对话框，选择"subset1"。

　　步骤 2. 点击"OK"，弹出"Maximum Likelihood Parameters"对话框，点击"Select All Items"按钮，"Set Probability Threshold"选择"Single Value"，"Data Scale Factor"采用默认值，在"Enter Output Class Filename"后点击"Choose"按钮设置输出路径和文件名，点击"Enter Output Rule Filename"后的"Choose"按钮设置输出路径和文件名，如图 1-28 所示。

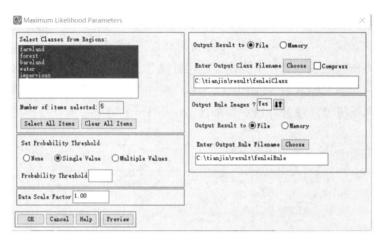

图 1-28 "Maximum Likelihood Parameters" 对话框

步骤 3. 点击"OK",执行监督分类,分类结果如图 1-29 所示。

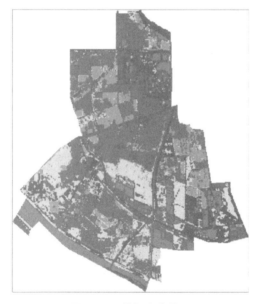

图 1-29 监督分类结果

（3）评价分类结果

在"Toolbox"工具箱中,点击 Classification>Post Classification,双击"Confusion Matrix Using Ground Truth ROIs",选择分类结果图像"fenleiclass",弹出"Match Classes Parameters"对话框,点击"OK",弹出"Confusion Matrix Parameters"对话框,点击"OK",获取 Class Confusion Matrix 即混淆矩阵报表,如图 1-30 所示。本例分类的 Kappa 系数为 0.9780,分类精度较高。

Class Confusion Matrix — □ ×

File

Confusion Matrix: C:\tianjin\result\fenleiclass1

Overall Accuracy = (2444/2486) 98.3105%
Kappa Coefficient = 0.9780

```
                Ground Truth (Pixels)
Class           farmland    forest      water     impervious   bareland
Unclassified        0          0          0          0            0
farmland          481          5          0          0            4
forest             13        293          0          0            0
water               0          0        562          0            0
impervious          0          0         11        822            2
bareland            6          0          0          1          286
Total             500        298        573        823          292

                Ground Truth (Pixels)
Class           Total
Unclassified        0
farmland          490
forest            306
water             562
impervious        835
bareland          293
Total            2486

                Ground Truth (Percent)
Class           farmland    forest      water     impervious   bareland
Unclassified     0.00        0.00       0.00        0.00         0.00
farmland        96.20        1.68       0.00        0.00         1.37
forest           2.60       98.32       0.00        0.00         0.00
water            0.00        0.00      98.08        0.00         0.00
impervious       0.00        0.00       1.92       99.88         0.68
bareland         1.20        0.00       0.00        0.12        97.95
Total          100.00      100.00     100.00      100.00       100.00

                Ground Truth (Percent)
Class           Total
Unclassified     0.00
farmland        19.71
forest          12.31
water           22.61
impervious      33.59
bareland        11.79
Total          100.00

Class       Commission    Omission    Commission    Omission
            (Percent)    (Percent)    (Pixels)      (Pixels)
farmland      1.84         3.80         9/490        19/500
forest        4.25         1.68        13/306         5/298
water         0.00         1.92         0/562        11/573
impervious    1.56         0.12        13/835         1/823
bareland      2.39         2.05         7/293         6/292

Class       Prod. Acc.   User Acc.    Prod. Acc.    User Acc.
            (Percent)    (Percent)    (Pixels)      (Pixels)
farmland     96.20        98.16        481/500       481/490
forest       98.32        95.75        293/298       293/306
water        98.08       100.00        562/573       562/562
impervious   99.88        98.44        822/823       822/835
bareland     97.95        97.61        286/292       286/293
```

图 1-30　混淆矩阵报表

4.4.3 分类结果转矢量

对分类结果进行分析应用的时候，时常需要将其输出为矢量格式文件。分类结果转矢量格式文件的具体操作如下：

步骤 1. 在"Toolbox"工具箱中，点击 Classification>Post Classification，双击"Classification to Vector"，选择分类结果文件"fenleiclass"下的"Max Like (subset1)"，点击"OK"，打开"Raster to Vector Parameters"对话框。

步骤 2. 点击"Select Classes to Vectorize"，选择全部分类类别，"Output"选择"Single Layer"把所有分类输出到一个图层，点击"Enter Output Filename [.evf]"后的"Choose"按钮设置输出路径和文件名，如图 1-31 所示。

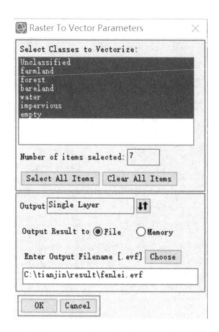

图 1-31 "Raster to Vector Parameters" 对话框

步骤 3. 点击 "OK"，分类文件输出为 ".evf" 格式的矢量文件。如果想转为 shapefile 格式文件，可以利用 "Toolbox" 工具箱中 "Vector" 工具集下的 "Classic EVF to Shapefile" 工具进行转换。

第二章　土地资源调查实习方案

1. 目的、关键技能与准备

1.1 实习目的

　　土地资源调查是综合农业区划、区域土地资源评价、国民经济发展规划，以及土地资源科学管理的基础。本实习内容根据我国土地调查相关规程、土地资源学理论以及近年来的研究成果总结形成，主要用于学生的土地调查实习以及综合实训中必要的基础调查环节。学生将通过实地调查和遥感影像的对照，掌握土地调查中内业环节中目视解译和矢量化处理的方法，以查清各类土地资源的数量、质量、空间分布状况，以及它们之间发生的规律和相互关系，同时为进一步的规划管理实习环节、论文撰写准备基础资料。培养学生树立建设美丽中国的信念。

1.2 关键技能

　　本实习涉及的基础技能：ArcGIS 制图技术。
　　本实习学习的关键技能：（1）目视解译技术；（2）ArcGIS 文件管理与矢量化操作；（3）土地调查技术规范；（4）实地土地调查技术。

1.3 资料准备

　　（1）软件准备：ArcGIS 10；
　　（2）图件资料：1 m 左右分辨率彩色遥感影像、路网 shp 文件。

2. 实习任务

　　（1）将遥感影像矢量化，为调查准备工作底图；
　　（2）了解调查区域土地利用类型及分布；
　　（3）对典型地块进行拍照保存；
　　（4）分析调查区域相关资料，总结该区域土地利用的经验教训，提出合理利用土地的建议和意见。

3. 实习相关基本原理和方法

3.1 矢量化相关操作

1）开始菜单，程序—ArcGIS—ArcMap 10.2，弹出窗口可点取消，如图 2-1 所示。

图 2-1   启动 ArcMap

2）点击"目录"按钮⊞，如图 2-2 所示。

图 2-2   "目录"按钮

3）将目录中的影像文件，如 11.jpg，拖拽到 ArcMap 左侧边栏（图层）中，影像出现（点击之前保存的".mxd"文件也可达到上述效果）。这个地方可以输入任何路径，比如"D:\"。地址栏如图 2-3 所示。

图 2-3　目录中的地址栏

4）在目录中相应路径下点击鼠标右键，选择"新建"，弹出右边栏后选择"Shapefile"，弹出对话框，如图 2-4 所示。

图 2-4　新建 shp 文件

5)"名称"中输入文件名,"要素类型"下拉菜单中选择需建立文件(可选点、折线、面,本书以折线为例),然后点击"确定"(如果选择面,参考图 2-11 和图 2-12);点击右下方"编辑"按钮,选择坐标系,在"投影坐标系"一栏中,可找到常见的 Beijing 54 坐标系、Xian 80 坐标系,选择所在区域经度(如 75E-135E),点击"确认",如图 2-5 所示。

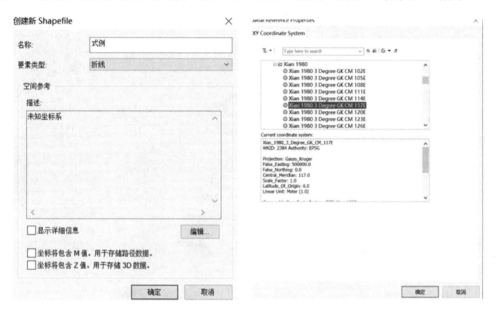

图 2-5　新建 shp 文件中的线类型文件

6)点击"式例",如图 2-6 所示。

图 2-6　开始编辑时需点击的位置

此时,有可能没有编辑器栏,解决方法是在软件上端工具栏范围内任意位置点鼠标右键,在弹出的菜单栏里将"编辑器"打钩。

也有可能没有右边栏(创建要素),解决方法是点击编辑器工具条的最后一个图标,如图 2-7 所示。

图 2-7　"创建要素"按钮的位置

7）除了第一根线的开端可以根据位置比较随意地确定，大部分线的端点都需要明确的拓扑定义，例如，如果最后端点要落在另一条线的端点上，那么需要点击鼠标右键，捕捉到要素，选择端点。如图 2-8 所示。

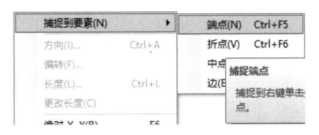

图 2-8　捕捉要素的方法

如果最后端点不需要落在端点上，仅需要在某条线上即可，就选择边而不是端点。需要注意的是，一根线自己是不能闭合（不能自己首尾相连）的，要画一个闭合的圈，至少需要用两根线来组合。

8）画线过程中，如果想后退一步，用 Ctrl+Z 即可，画完一条线，点 F2 即可结束（或者先点右键，再点"完成草图"）。

9）每次保存，可以点击编辑器的下拉菜单，进行保存（注意不是右上角的"保存"或 Ctrl+S），或者停止编辑，然后程序会自动提示要求保存。如图 2-9 所示。

图 2-9　通过"编辑器"按钮停止编辑

如果在"新建"中选择了面，那么每次都需要画一个封闭的形状，捕捉到要素的做法依然有必要使用。

10）分割线和切割面的操作

有时需要把一根线分割成两段，可先点 ▶ 按钮选择"线要素"，然后点击 ✗ 按钮，在该线上点击要剪断的位置。完成后，该线会变成两段。然后再点右边栏对应的画线标记，就能继续画图。如图 2-10 所示。

图 2-10　选择"线要素"的按钮

3.2　影像目视解译

1）矢量化是在每组给出的任务界线内完成的。分割地块需要按照地块分类标准进行，使用的土地分类标准是《土地利用现状分类》（GBT 21010-2017）和《城市用地分类与规划建设用地标准（2012）》。由于目前尚未实现完全的土地利用管理和城市用地管理数据统一，建成区外使用《土地利用现状分类》标准，建成区内使用《城市用地分类与规划建设用地标准（2012）》。

2）目视解译的经验总结。表2-1对于常见的住宅用地、工业用地、绿地、耕地、林地、水域以及空闲地等地类的影像经验特征进行了大致的总结。实习中应结合外业看到的场景，对照影像的颜色、形状、纹理及光影结构等构建符合自己认知的对照经验。

表 2-1　实习区常见地类影像与照片对比

影像	实地照片	影像特征总结
		住宅用地：形状多为矩形，颜色大多为白色、红色，分布比较集中，楼层的高度不同，从而可以看出影像图中不同长短的阴影。
		工业用地：形状多为矩形，颜色较单一，如白色、蓝色、红色。
		学校（公共管理与公共服务用地）：有操场和配套建筑物，楼层较低。
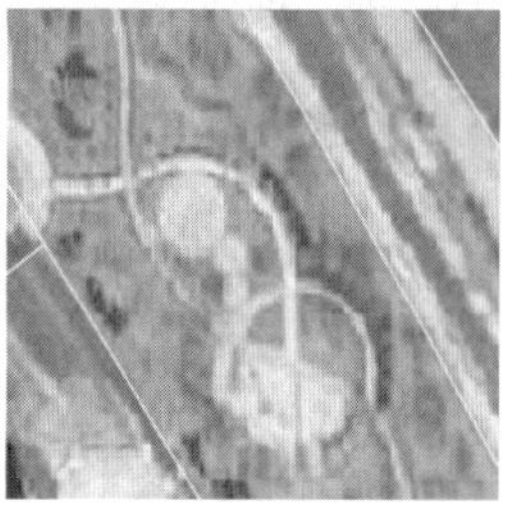		公园与绿地：形状多为矩形，区域面积较大，在草地上有小路和小型建筑。

影像	实地照片	影像特征总结
		水域：大多为深色，形状不规则，且与周围地物有明显区别，表面纹理较光滑。如果背光则呈黑色。
		耕地：形状多为方形，边界清晰。通常为绿色，北方冬季不种植时为灰白色。菜地纹理粗糙，能看到长条的畦，水田种植期较均匀。
		林地：点缀着不规则的小绿点，绿点各是一棵树的树冠部分。
		杂草地：颜色较单一，图像上一般无阴影，纹理较为粗糙，形状不一，大多为矩形，且图上无其他明显的地物。
		建筑废弃地：色调较复杂，形状大多是规则的矩形，少部分为不规则的矩形，图像表面粗糙，纹理不一且有一部分阴影，地物分布较复杂。

3.3 面积计算的操作方法

首先通过目录建立一个对应的面文件，这个文件最好和"式例"折线文件路径相同，命名为"式例面"，弹出未定义空间参照系窗口，可忽略，如图 2-11 和 2-12 所示。

图 2-11　新建 shp 文件

图 2-12　新建 shp 文件中的面类型文件

1）打开 ArcGIS 以前的工作文件，将刚建立的"式例面"拖拽到左侧窗口，如图 2-13 所示。

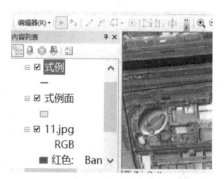

图 2-13　加载面文件

2）如未打开"高级编辑"工具条，在上方工具栏空白处右击，在弹出的选项中点选"高级编辑"，如图 2-14 所示。

□ 高级编辑
□ 工具
　绘图
　几何网络编辑
　几何网络分析
　空间校正
　路径编辑
　逻辑示意图
　逻辑示意图编辑器
　逻辑示意图网络分析
　平板电脑绘图
　数据框工具
　数据驱动页面
　图形
□ 拓扑
　效果
　要素构造
　要素缓存

图 2-14　固定"高级编辑"工具条

3）打开编辑器

在下拉菜单中选择"开始编辑"，在右侧边栏（创建要素）中选择"式例面"，然后点"编辑器"右边的黑箭头 ▸；选择用来构成框的所有线，线会变成高亮，如图 2-15 所示。

图 2-15　选择面要素

点"高级编辑"工具条中的"构造面"按钮 ，如图 2-16 所示。在弹出的窗口中选择构造的面进入哪个面文件（本书以"式例面"为例），点击"确定"即可，如图 2-17 所示。

图 2-16　"构造面"按钮

构造面	✕

模板...　　□式例面

拓扑容差：　0.001　　未知单位

□使用目标中的现有要素

确定　　取消

图 2-17　构造面确认后弹出的窗口

构造好后如图 2-18 所示。

图 2-18　构造面完成的效果

4）设定单位。右击图层，点击"属性"，在弹出的"数据框属性"对话框中，点击"常规"，在"单位"设置中，"地图"和"显示"均在右侧下拉选项中选择"米"。如图 2-19 所示。

图 2-19　设定单位

5）关闭编辑器窗口中的编辑状态，即点击"编辑器"下拉菜单中的"停止编辑"，然后在左边栏右击面文件"式例面"，选择"打开属性表"，如图 2-20 所示。

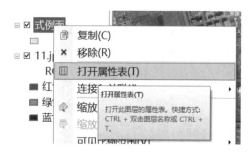

图 2-20　"打开属性表"按钮

点击左上方第一个图标"表选项"，如图 2-21 所示。

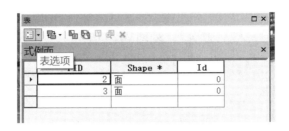

图 2-21 属性表里的"表选项"按钮

点击"添加字段",如图 2-22 所示。

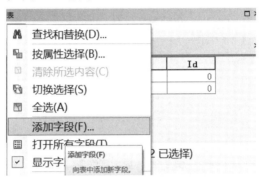

图 2-22 添加字段

6)字段命名为"area",即面积,"类型"一栏选择"浮点格式"。精度和小数位数可不填。

7)此时,属性表中多了"area"一项,右键点击"area"栏,在弹出的菜单中选择"计算几何",全部点击"确定",每个图斑的面积即可算出。

8)可以设置所有图斑的颜色各不相同,方法如下:在左侧"式例面"文件上右击,选择"属性",弹出菜单,选"符号系统",左侧选择"类别",第一项值字段栏选择"area",然后在下方点击"添加所有值"即可,如图 2-23 所示。

图 2-23 用图层属性设定图斑颜色

如果切换到"标注"，还可以让"area"字段数值显示在图上，标注字段选"area"，字体、颜色都可以相应选择，点击"确定"，如图 2-24 所示。

图 2-24　显示属性值

得到的效果如图 2-25 所示。

图 2-25　图斑显示属性的效果

9）打开编辑器，我们也可以修改属性表中自己设置的各个字段的内容，但是打开编辑器以后就不能添加字段了，关掉编辑器才可以。

10）属性表可以导出，用 Excel 打开。由此，即可加总计算调查范围内各地类的面积。

4. 操作步骤

土地资源调查通常包括内业准备、外业调查、成果形成几个阶段。

（1）内业准备时，基于调查区域的边界，可用 3.1 和 3.2 小节介绍的方法将边界内区域按地类绘出。将重点需要对照的和不能识别的地块做标记，以供外业调查时对照。

（2）外业调查阶段，可将绘制图在 A3、A4 白纸上彩色打印，将其与实地地物进行比对，进一步提升识别遥感图的能力，野外标记可直接在打印图上进行。应当注重组织纪律以确保安全，注意防止组员走散、中暑，提防狗、蛇等动物。

（3）外业结束后，结合内外业的成果，形成完整的调查成果图，计算各地类面积的工作按照 3.3 小节内容即可实现。

第三章　全球卫星导航定位系统实习方案

1. 目的、关键技能与准备

1.1 实习目的

载波相位实时差分（Real Time Kinematic，以下简称 RTK）具有实时、高精度等特点，在地籍测量、土地勘测定界等工作中得到了广泛的应用。通过本实习使学生掌握 RTK 外业测量的基本原理，使用全球卫星导航定位系统（GNSS）接收机实施外业测量并使用软件完成数字成图，培养学生的实践操作能力和求真务实的精神。

1.2 关键技能

本实习涉及的基础技能：（1）数字测图；（2）地图制图。

本实习学习的关键技能：（1）基准站选择及设置方法；（2）流动站的设置方法；（3）流动站的测量模式；（4）数据传输与数字成图。

1.3 资料准备

（1）软件准备：CASS 10.0；

（2）数据准备：测图区控制点坐标及点位图；

（3）仪器准备：GNSS 接收机（以南方 GNSS 接收机为例）。

2. 实习任务

（1）基准站选择与设置；

（2）流动站设置；

（3）坐标系转换；

（4）RTK 碎部测量；

（5）数字成图。

3. 实习相关基本原理和方法

3.1 RTK 测量的基本原理

　　RTK 是基于 GNSS 载波相位观测值实现实时动态厘米级相对定位的局域差分技术。在 RTK 作业模式下，基站通过数据链将伪距载波观测值相关信息（如基站坐标）播发给流动站，流动站利用自身观测数据和基准站数据，组成差分观测方程，在快速实时解算模糊度后，给出厘米级定位结果。流动站可处于静止状态，也可处于运动状态，在数分钟甚至几秒钟之内即可获取高精度定位结果，测量效率大幅提升，成果检核及时，避免返工作业。

3.2 RTK 测量系统的组成

　　RTK 测量系统一般由以下三部分组成：GNSS 接收设备；数据传输设备；软件解算系统。GNSS 接收设备包括一个基准站和一个移动站，也可根据需要配置多个移动站。

　　基准站主要由主机、电台、发射天线和电瓶组成，移动站由一个主机和电子手簿组成。

图 3-1　RTK 测量系统组成（南方银河 1）

4. 操作步骤

4.1 基准站的选择

野外工作时，测站位置对观测数据质量、无线电波传播的质量影响很大，因此基准站位置的选择非常重要。

（1）应选择在易安置接收设备、视野开阔的位置。视场周围 15°以上不应有障碍物，以避免信号被接收或者被遮挡。

（2）点位应远离大功能无线电发射源（电视台、微波站等），距离不小于 200 m；远离高压输电线，距离不小于 50 m，以避免电磁场对信号的干扰。

（3）点位附近不应有大面积水域或强烈干扰卫星信号接收的物体，以减弱多路径效应的影响。

（4）点位应选择交通方便、有利于观测手段扩展与联测的地方。

（5）点位应选择在地面基础稳定、易于点位保存的地点。

4.2 基准站的设置

（1）仪器架设

①天线架设在三脚架上，对中整平，对中误差不超过 3 mm。

②不宜过低，一般在距地面 1 m 以上。

③量取天线高，在圆盘天线间隔 120°的三个方向分别量取天线高，三次测量结果之差不应超过 3 mm，取三次结果的平均值，记录至 0.001 m。如图 3-2 所示。

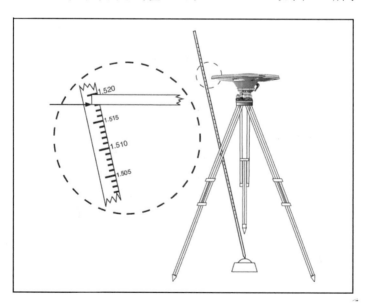

图 3-2　基准站天线高量取示意图

（2）仪器连接

①连接主机与控制面板（一体机无须连接）。

②连接接收机与手簿。同时打开接收机与手簿蓝牙，进行连接。

③连接主机与电台。工作距离较远时，需要连接外挂电台及天线，如图 3-3 所示。

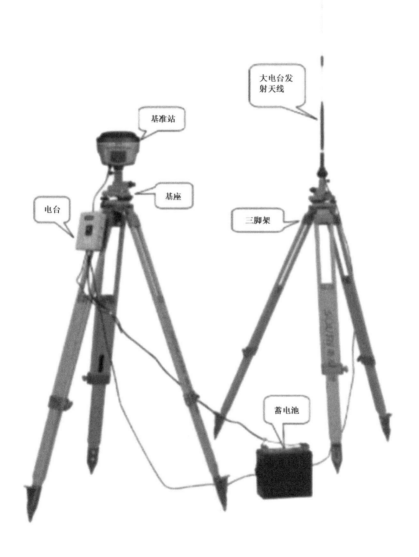

图 3-3　外挂电台连接示意图

（3）参数设置

①新建工程。在 EGSTAR 软件目录下点击：工程>新建工程，在工程里面输入所要建立的工程，新建的工程将保存在默认的作业路径"\Storage Card\EGJobs\"，点击"确定"，工程建立完毕。

②设置工作模式。点击：配置>仪器设置>基准站设置。

③设置基准站参数。包括电台格式及模式、发射间隔、截止角和天线高。设置完成后点击右边的 📡 ，完成基准站设置。

④基准站如架设在已知点上，需要输入基准站坐标，如架设在任意点，则无须输入。

⑤设置电台通道。如选用外挂电台，则需要在外挂电台面板上设置电台通道；使用内置电台则需要确定通道。

（4）启动基准站

设置好参数之后，点击启动基准站，完成设置。

4.3 移动站的设置

（1）移动站架设

打开移动站主机，将其固定在碳纤对中杆上，拧上 UHF（超高频）差分天线，并安装好手簿托架和手簿。如图 3-4 所示。

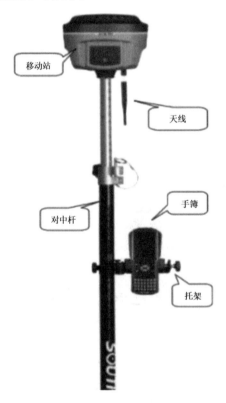

图 3-4　移动站架设示意图

（2）设置移动站参数

①连接接收机与手簿。同时打开接收机与手簿蓝牙，进行连接。

②设置工作模式。点击：配置>仪器设置>移动站设置。

③差分数据格式。选择与基准站一致的差分数据格式。

④通道设置。点击：配置>仪器设置>电台设置。将电台通道切换为与基准站电台一致的通道号。如图3-5所示。

图 3-5　移动站通道设置界面

（3）启动移动站

4.4 坐标系转换

（1）输入已知点坐标

输入>坐标库管理，可以输入已知点坐标。

（2）四参数坐标系转换

在工程之星软件中四参数指的是在投影设置下选定的椭球内 GNSS 坐标系和施工测量坐标系之间的转换参数。需要特别注意的是，一般平面转化最少需要 2 个点，高程转化最少需要 3 个点。若某水准点没有平面坐标，则先在点采集中采集该点，然后在调入该点地方坐标时，把高程改为已知高程。具体操作步骤如下：

①输入>求转换参数，打开之后单击"增加"，从坐标管理库中选择已经录入的控制点已知坐标。

②根据提示输入控制点的大地坐标，即控制点的 WGS84 坐标系坐标。原始坐标选择以下输入方法：从坐标管理库中调出记录的原始坐标。单击"从坐标管理库中选点"。

③这时第一个点增加完成，单击"增加"，重复上面的步骤，增加其他的点。文件进行保存前最好检查水平精度和高程精度是否满足精度要求。所有的控制点都输入以后，向右拖动滚动条查看水平精度和高程精度。

④查看确定无误后，单击"保存"，选择参数文件的保存路径并输入文件名，建议将参数文件保存在当天工程下"Info"文件夹里面，完成之后单击"确定"。然后单击"保存成功"小界面右上角的"OK"，四参数已经计算并保存完毕。

⑤此时单击右下角的"应用"，再点击"YES"即可。

（3）坐标重设

当基准站架在未知点校正（直接校正）时，重启基准站需要进行坐标重设。坐标重设需要选择一个已知点进行转换。具体操作步骤如下：

①输入—校正向导—基准站架设在未知点。

②系统提示输入当前移动站的已知坐标（以控制点 KZD8 为例），再将移动站对中立于点 KZD8 上，输入点 KZD8 的坐标、天线高和天线高的量取方式（杆高、天线高为校正时对中杆高度），然后点击右下角的"校正"，系统会提示是否校正，点击"确认"即可，如图 3-6 所示。

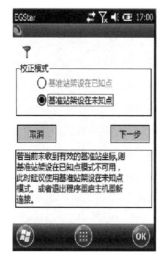
图 3-6-1 校正模式选择

图 3-6-2 数据输入及校正

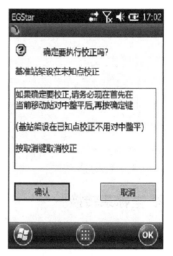
图 3-6-3 确认执行校正

图 3-6 坐标重设界面

4.5 碎部测量

（1）点测量

测量时应采用"固定解"精度模式，在操作功能下点击测量>点测量。在精度满足要求时存储点位，并输入天线高。继续存点时，点名将自动累加。

点击配置>工程设置>存储，把存储类型设为"平滑存储"的话，就可以进行平滑测量了。

（2）草图绘制

草图绘制是数字测图的关键环节和重要内容，直接影响成图结果。绘制草图的基本原则如下：

①迅速，使用简单记号快速记录特征点的类别、曲线类型等；

②清晰，绘制地物的形状和相对关系；

③准确，需要绘图员与测图员密切配合，及时核对。

4.6 数据导出

（1）文件导出

点击工程>文件导入导出>文件导出，导出文件类型选择南方 CASS 格式，测量文件选择自己新建的文件，成果文件为导出之后的文件，需要自己新建一个文件名。点击"导出"命令即可。

（2）文件存储

把 U 盘插入电子手簿，在主菜单中找到"资源管理器"，在相应的路径下找到导出的成果文件，选中该文件，点击菜单>编辑>复制，找到 U 盘的路径，点击菜单>编辑>粘贴即可。

4.7　数字成图

使用南方 CASS 软件，将外业获取的数据绘制成图。采用"草图法"在内业工作时，可分别采用"点号定位""坐标定位"或者"编码引导"等作业方式绘制地形图。具体操作步骤如下：

（1）定显示区

根据输入坐标数据文件的数据大小定义屏幕显示区域的大小，以保证所有点可见。点击绘图处理>定显示区，输入碎部点坐标数据文件名。输入成功后，将在命令区显示最大和最小坐标。

（2）选择测点点号定位成图法

通过屏幕或侧菜单区选择"测点点号"，输入碎部点坐标数据文件名。读取文件中所有外业测得的碎部点。

（3）展点

将坐标数据文件展绘在计算机屏幕上。

（4）绘平面图

根据野外作业时绘制的草图，移动鼠标至屏幕右侧菜单区选择相应的地形图图示符号，然后在屏幕中将所有的地物绘制出来。在操作过程中，可以套用别的命令，如放大显示、移动图纸、删除、文字注记等。

（5）图幅整饰

为地图添加注记、图框等。注记主要包括文字注记、数字注记、符号注记。图框需采用标准图幅，并填写图名、测量员、绘图员、检查员、接图表等信息。

（6）图形输出

用绘图仪或打印机输出所绘制的地形图。

第四章 地理信息系统空间分析实习方案

1. 目的、关键技能与准备

1.1 实习目的

对地理数据进行空间处理与分析是获取土地利用信息的基础方法。本实习结合地理信息系统等相关课程的理论知识，旨在培养学生利用地理信息系统方法解决实际问题的基本技能。通过实习，使学生系统地掌握 GIS 空间分析方法，熟悉 ArcGIS 软件的基本操作，为综合实践奠定基础，引导学生崇尚科学创新，践行工匠精神。

1.2 关键技能

本实习涉及的基础技能：ArcGIS 空间分析技术。

本实习学习的关键技能：（1）矢量数据的空间分析；（2）栅格数据的空间分析。

1.3 资料准备

（1）软件准备：ArcGIS 10.X；
（2）所需图件：矢量类型的空间数据和栅格类型的空间数据；
（3）其他数据：研究区自然、社会、经济数据。

2. 实习任务

完成以下任务并编写项目报告：
（1）空间缓冲区分析和矢量数据的空间叠置；
（2）构建道路网络并进行网络中的最短路径分析；
（3）生成栅格距离数据和栅格密度数据；
（4）栅格插值；
（5）对栅格数据进行重分类和栅格叠合。

3. 实习相关基本原理和方法

3.1 矢量数据的空间分析

3.1.1 缓冲区分析

缓冲区分析是根据点、线、面实体基础，自动建立起一定宽度范围内的缓冲区多边形实体，从而实现空间数据在其领域得以扩展的信息分析方法。从数学的角度来看，缓冲区是给定空间对象或集合后获得它们的领域，而领域的大小出领域的半径或缓冲区建立条件来决定。因此，对于一个给定的对象 A，它的缓冲区可以由式 4-1 来定义：

$$P = \{x : d(x, A) \leqslant r\} \tag{4-1}$$

式 4-1 中，d 为距离，一般指欧氏距离，也可是其他距离；r 为领域半径或缓冲区建立条件。

根据缓冲分析的不同对象，缓冲区分析可以分为基于点要素的缓冲区、基于线要素的缓冲区和基于多边形要素的缓冲区。此外，缓冲区还可以分为单重缓冲区和多重缓冲区，即多个相互嵌套的缓冲区。

3.1.2 叠置分析

空间叠置分析是在相同的空间坐标系统条件下，将同一地区两个不同地理特征的空间和属性数据重叠相加，以产生空间区域的多重属性特征，或建立地理对象之间的空间对应关系。从原理上来说，叠置分析是对新要素的属性按一定的数学模型进行计算。

基于矢量数据的叠置分析，根据操作要素的不同，可以分为点与多边形的叠合、线与多边形的叠合以及多边形与多边形的叠合；根据操作形式的不同，还可以分为裁剪分析、联合分析、相交分析、标识分析、擦除分析、更新分析、交集取反分析和空间连接分析等不同方法。

3.1.3 网络分析

空间网络分析的理论基础是图论和运筹学，通常用来研究资源在不同点之间的流动。地理网络由一系列相互连通的点和线组成，用来描述地理要素（资源）的流动情况。现实世界中有多种网络关系可以抽象为网络，例如纵横交织的道路可以抽象为交通路网，川流不息的河流水系可以抽象为河流网络，还有电缆线、电力线、供水管道等城市基础设施网络可被抽象为管网网络。网络分析就是对地理网络、城市基础设施网络等进行地理分析和模型化的过程。通过研究网络的状态及模拟分析资源在网络上的流动和分配情况，可以解决网络结构及其资源等的优化问题。

3.2 栅格数据的空间分析

3.2.1 栅格距离分析

栅格距离分析是以栅格数据为基础，分析研究区内每一个栅格距离其最邻近要素（也称为"源"）的距离，并生成距离图，从而反映每一个栅格与其最邻近源的相互关系。

在此基础上，也可以根据某些成本因素找到一地到另一地的最短路径或成本最低的路径。其中，成本距离加权记录每个栅格到距离最近、成本最低的源的最少累计成本。

3.2.2 栅格密度分析

栅格密度分析是根据输入的要素数据集计算整个区域的数据聚集情况，从而产生一个连续的密度表面。密度分析是以每一个待计算格网点为中心，进行圆形区域的搜寻，进而计算每个格网点的密度值，其分析方法包括简单密度分析和核密度分析。其中，简单密度分析中落入同一搜寻区域的点或线权重相同，先对其求和再除以搜索区域大小，即可得到每个格网内点或线的密度值；核密度分析是对落入搜索区内的点赋予不同的权重，越靠近格网搜寻中心的点或线被赋予越大的权重，随着其与格网中心距离的加大，权重会降低，其密度分析结果较为平滑。

3.2.3 栅格插值

插值是通过已知点数据推求任意点数据的常用方法。插值结果将生成一个连续的表面，在这个连续表面上可以得到每一个点的数值。栅格插值包括简单栅格表面的生成和栅格数据重采样。

通过栅格插值生成连续表面的常用方式包括反距离加权插值、样条函数插值、克里金插值、自然领域插值和趋势面插值等。

3.2.4 栅格重分类

栅格重分类是基于原有栅格值，对原有数值重新进行分类和整理，从而得到一组新的数值并输出的操作。根据实际应用的需要，栅格重分类一般包括四种基本形式，即新值替换、旧值合并、重新分类以及空值设置。

3.2.5 栅格叠合

栅格数据的叠合分析又称为"地图代数"，将两个或多个相同地区的相同行列数的栅格叠合，可以产生新的栅格数据。

4. 操作步骤

4.1 矢量数据的空间分析

4.1.1 缓冲区分析

对于点、线、多边形对象建立一定范围的缓冲区，操作步骤相对一致。下面以部分城市的点数据为例，建立城市影响力范围缓冲区（100 km），操作步骤如下：

步骤 1. 加载需要进行缓冲区分析的要素文件"city. shp"。

步骤 2. 打开 ArcToolbox，在工具箱列表中单击分析工具>邻域分析>缓冲区命令，打开对话框。

步骤 3. 在"输入要素"中选择"city. shp"，在"输出要素类"中设置缓冲区分析成果文件的名称及输出路径，在"距离"文本框中输入"50000"，在"缓冲区单位"下拉列表中选择"Meters"，具体设置如图 4-1 所示。

图 4-1　缓冲区分析参数设置

步骤 4. 设置完参数后点击"OK"，执行缓冲区分析并输出结果，如图 4-2 所示。

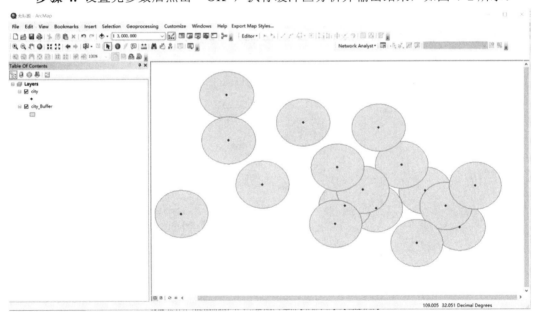

图 4-2　缓冲区分析结果

把城市影响范围分划分为强影响范围（0-10 km）、中等影响范围（10-20 km）、弱影响范围（20-50 km），进行多重缓冲区分析，操作步骤如下：

步骤 1. 加载要素文件"city. shp"。

步骤 2. 打开 ArcToolbox，在工具箱列表中单击分析工具>邻域分析>多重缓冲区命令，打开对话框。

步骤 3. 在"输入要素"中选择"city. shp"，在"输出要素类"中设置缓冲区分析成果文件的名称及输出路径，在"距离"文本框中输入第一个缓冲区半径"10000"，点击"添加"按钮➕，再按相同方法输入"20000"和"50000"，在"缓冲区单位"下拉列表中选择"Meters"，具体设置如图4-3所示。

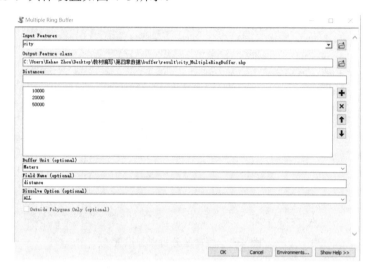

图4-3　多重缓冲区分析参数设置

步骤4. 设置完参数后点击"OK"，执行多重缓冲区分析，并输出结果，如图4-4所示。

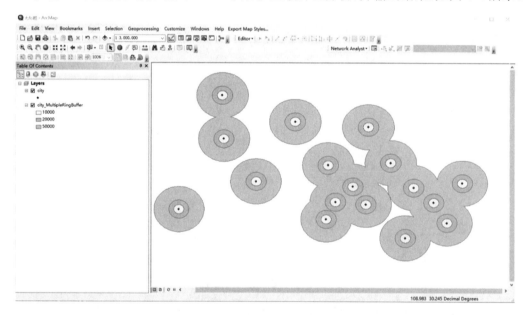

图4-4　多重缓冲区分析结果

4.1.2　叠置分析

（1）裁剪（Clip）

裁剪是将目标层与裁剪层进行运算，结果为裁剪后的目标图层，其属性与裁剪前的目标层相同，不会发生改变。本例使用感兴趣区域图（clip. shp）来裁剪某一区域土地利用图（lucc. shp），操作步骤如下：

步骤 1. 在 ArcMap 中加载"clip"文件夹中的"lucc. shp"和"clip. shp"两个图层。

步骤 2. 打开 ArcToolbox，在工具箱列表中单击分析工具>提取分析>裁剪命令，打开对话框。

步骤 3. 在"输入要素"中选择"lucc. shp"，在"裁剪要素"中选择"clip. shp"，在"输出要素类"中设置输出要素类的存储名称和路径，具体设置如图 4-5 所示。

图 4-5 裁剪参数设置

步骤 4. 单击"OK"，执行裁剪分析，结果如图 4-6 所示。

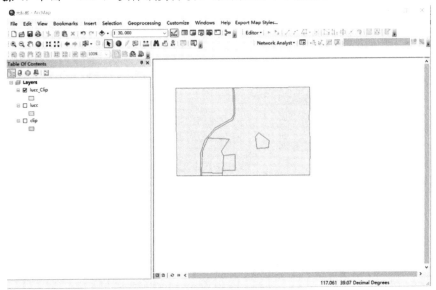

图 4-6 裁剪结果

（2）联合分析（Union）

联合分析是将两个数据集求并集后输出为一个数据集，操作步骤如下：

步骤 1. 在 ArcMap 中加载"overlay"文件夹中的"region. shp"和"region1. shp"两个图层。

步骤 2. 打开 ArcToolbox，在工具箱列表中单击分析工具>叠加分析>联合工具，打开对话框。

步骤 3. 在"输入要素"中选择"region. shp"和"region1. shp"，在"输出要素类"中设置输出要素类的存储名称和路径，具体设置如图 4-7 所示。

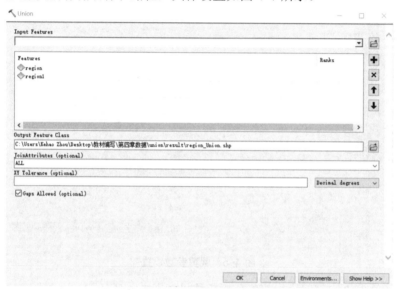

图 4-7　联合分析参数设置

步骤 4. 单击"OK"，执行联合分析，结果如图 4-8 所示。

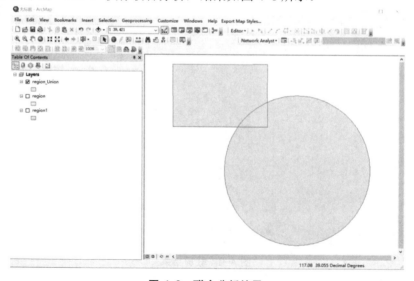

图 4-8　联合分析结果

（3）相交分析（Intersect）

相交分析是求两个数据集的交集的操作。两个数据集中相交的部分将被输出到结果数据集中，其余部分将被删除。操作步骤如下：

步骤 1. 在 ArcMap 中加载"overlay"文件夹中的"region. shp"和"region1. shp"两个图层。

步骤 2. 打开 ArcToolbox，在工具箱列表中单击分析工具>叠加分析>相交工具，打开对话框。

步骤 3. 在"输入要素"中选择"region. shp"和"region1. shp"两个图层，在"输出要素类"中设置输出要素类的存储名称和路径，具体设置如图 4-9 所示。

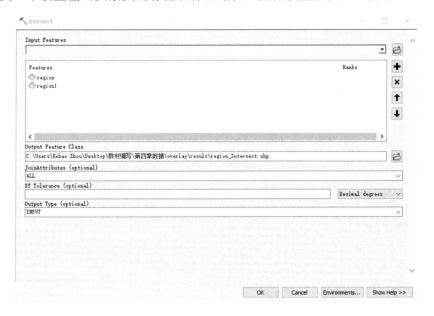

图 4-9　相交分析参数设置

步骤 4. 单击"OK"，执行相交分析，结果如图 4-10 所示。

（4）标识分析（Identity）

标识分析是对两个数据集进行相交运算后，保留第一数据集的所有部分，去除第二数据集中与第一数据集没有重叠的部分，操作步骤如下：

步骤 1. 在 ArcMap 中加载"overlay"文件夹中的"region. shp"和"region1. shp"两个图层。

步骤 2. 打开 ArcToolbox，在工具箱列表中单击分析工具>叠加分析>标识工具，打开对话框。

步骤 3. 在"输入要素"中选择目标图层"region. shp"，在"标识要素"中选择标识图层"region1. shp"，在"输出要素类"中设置输出要素类的存储名称和路径，具体设置如图 4-11 所示。

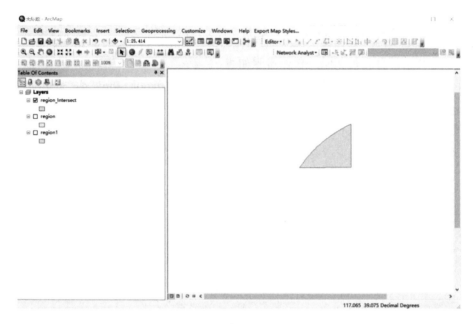

图 4-10 相交分析结果

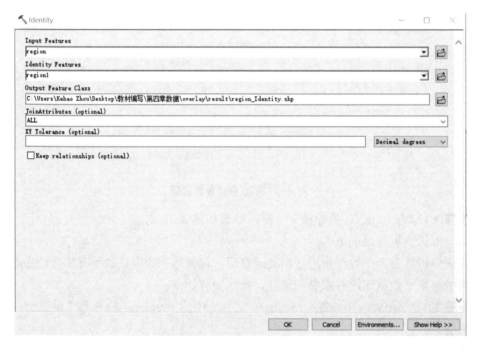

图 4-11 标识分析参数设置

步骤 4. 单击"OK",执行标识分析,结果如图 4-12 所示。

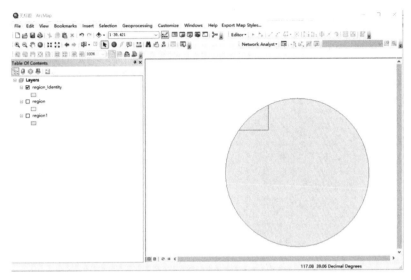

图 4-12 标识分析结果

（5）擦除分析（Erase）

擦除分析是从输入数据中删除输入数据与擦除数据重叠部分，即保留输入数据中与擦除数据不重叠部分，操作步骤如下：

步骤 1. 在 ArcMap 中加载"overlay"文件夹中的"region. shp"和"region1. shp"两个图层。

步骤 2. 打开 ArcToolbox，在工具箱列表中单击分析工具>叠加分析>擦除工具，打开对话框。

步骤 3. 在"输入要素"中选择"region. shp"图层，在"擦除要素"中选择"region1. shp"图层，在"输出要素类"中设置输出要素类的存储名称和路径，具体设置如图 4-13所示。

图 4-13 擦除分析参数设置

步骤 4. 单击"OK",执行擦除分析,结果如图 4-14 所示。

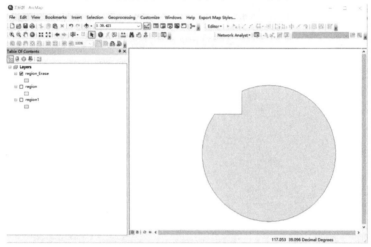

图 4-14　擦除分析结果

（6）更新分析（Update）

更新分析的输出数据是一个经删除处理后的多边形与一个新特征多边形。操作步骤如下：

步骤 1. 在 ArcMap 中加载"overlay"文件夹中的"region. shp"和"region1. shp"两个图层。

步骤 2. 打开 ArcToolbox,在工具箱列表中单击分析工具>叠加分析>更新工具,打开对话框。

步骤 3. 在"输入要素"中选择目标图层"region. shp",在"更新要素"中选择更新图层"region1. shp",在"输出要素类"中设置输出要素类的存储名称和路径,具体设置如图 4-15 所示。

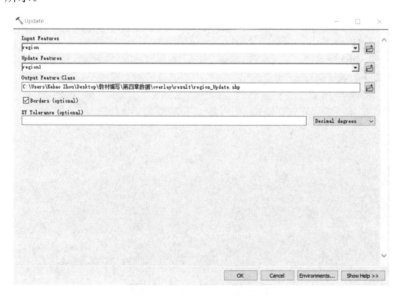

图 4-15　更新分析参数设置

步骤 4. 单击"OK"，执行更新分析，结果如图 4-16 所示。

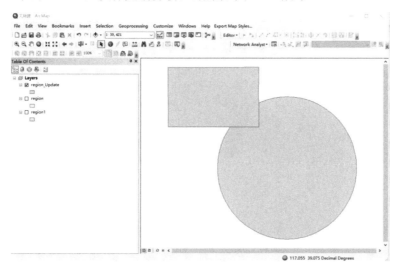

图 4-16　更新分析结果

（7）交集取反分析（Symmetrical Difference）

交集取反分析的输出数据是输入要素和更新要素不重叠的部分，即去除公共部分，保留非公共部分。操作步骤如下：

步骤 1. 在 ArcMap 中加载"overlay"文件夹中的"region. shp"和"region1. shp"两个图层。

步骤 2. 打开 ArcToolbox，在工具箱列表中单击分析工具>叠加分析>交集取反工具，打开对话框。

步骤 3. 在"输入要素"中选择目标图层"region. shp"，在"更新要素"中选择更新图层"region1. shp"，在"输出要素类"中设置输出要素类的存储名称和路径，具体设置如图 4-17 所示。

图 4-17　交集取反参数设置

步骤 4. 单击"OK",执行交集取反分析,结果如图 4-18 所示。

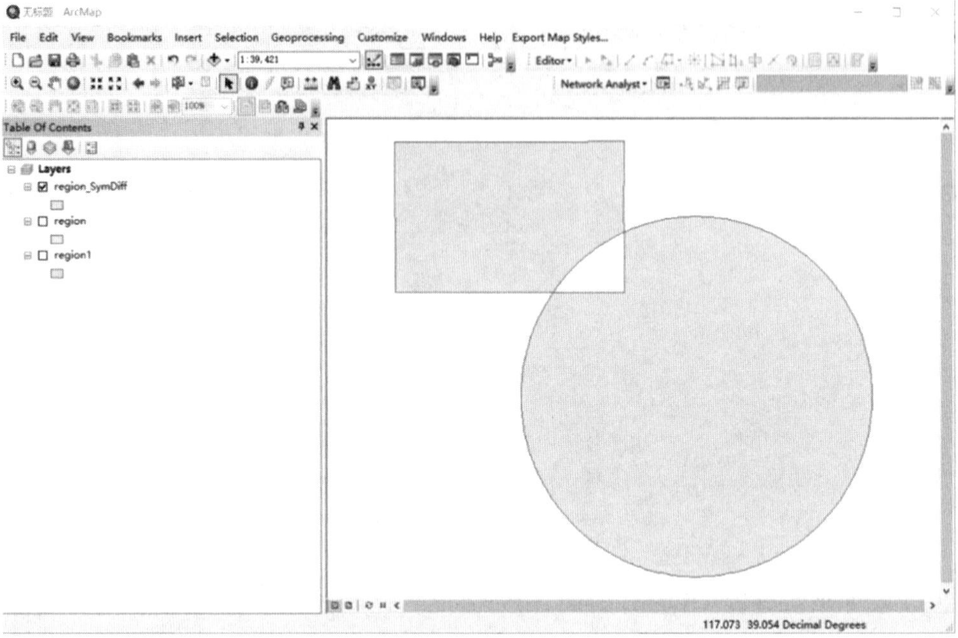

图 4-18　交集取反结果

（8）空间连接分析（Spatial Join）

空间连接分析是将一个图层的属性数据按空间位置关系连接到另一个图层的属性表中,实际上是对图层属性表的操作。本例以某地区土地利用数据"lucc. shp"为目标图层,以开发区数据"region. shp"为连接图层,将位于开发区内的土地利用数据赋予开发区的属性数据,操作步骤如下:

步骤 1. 在 ArcMap 中加载"spatial join"文件夹中的"lucc. shp"和"region. shp"两个图层。

步骤 2. 打开 ArcToolbox,在工具箱列表中单击分析工具>叠加分析>空间连接工具,打开对话框。

步骤 3. 在"目标要素"中选择"lucc. shp"图层（需要更新属性表的图层）,在"连接要素"中选择"region. shp"图层,在"输出要素类"中设置输出文件的名称及路径,在连接要素的字段映射列表中保留所需要的字段,在"匹配选择"下拉列表中选择空间位置关系类型,勾选"保留所有目标要素"复选框,删除不需要保留的字段,具体设置如图 4-19 所示。

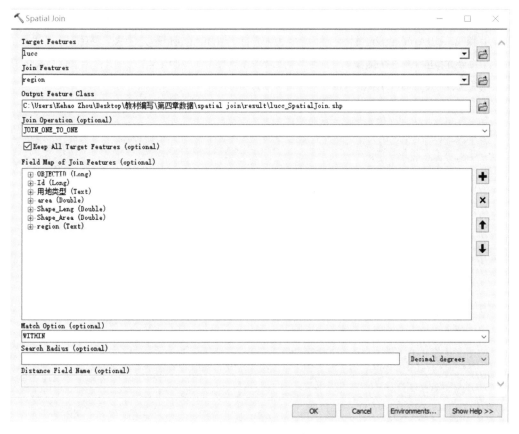

图 4-19 空间连接分析参数设置

步骤 4. 单击"OK"，执行空间连接分析，结果如图 4-20 所示。

FID	Shape *	Join_Count	TARGET_FID	OBJECTID	Id	用地类型	area	Shape_Leng	Shape_Area	region
0	Polygon	1	0	1	0	草地	147260.504835	1536.187859	147260.504835	开发区
1	Polygon	1	1	2	0	林地	65396.36025	1044.938917	65396.36025	开发区
2	Polygon	0	2	3	0	水域	69877.308581	1091.269859	69877.308581	
3	Polygon	0	3	4	0	建筑用地	1125562.51857	4832.042656	1022382.97372	
4	Polygon	0	4	5	0	草地	813684.458816	5403.752489	813684.456836	
5	Polygon	0	5	6	0	建筑用地	4153295.25537	12799.172168	3295139.80234	
6	Polygon	0	6	7	0	水域	10808.186433	762.548897	10808.186128	
7	Polygon	0	7	8	0	水域	16560.772078	860.420361	14771.881346	
8	Polygon	0	8	9	0	水域	103421.856012	5244.550009	60737.169338	
9	Polygon	0	9	10	0	草地	22932.147537	823.471737	22932.152937	
10	Polygon	0	10	11	0	水域	62563.413454	1031.205052	62563.413453	
11	Polygon	0	11	12	0	草地	245957.684849	2178.662452	245957.684849	
12	Polygon	0	12	13	0	草地	53146.492359	925.739389	53146.492358	
13	Polygon	0	13	14	0	水域	20631162.0719	7889.580181	97209.399939	
14	Polygon	0	14	15	0	建筑用地	23641007.7609	15837.972927	3645608.48992	

图 4-20 空间连接分析结果属性表

4.1.3 网络分析

（1）网络的创建

以构建道路网络数据集为例，创建网络步骤如下：

步骤 1. 在 ArcMap 中点击主菜单>自定义>扩展模块，打开扩展模块窗口，在扩展模块窗口中勾选"Network Analyst"选项，激活扩展模块，然后点击"关闭"。

步骤 2. 在 ArcCatalog 目录窗口中，点击打开"network"文件夹，右键单击"road.shp"，点击新建>网络数据集，打开"新建网络数据集"对话框，并在打开的对话框中，输入网络数据集名称"road_ND"，如图 4-21 所示。

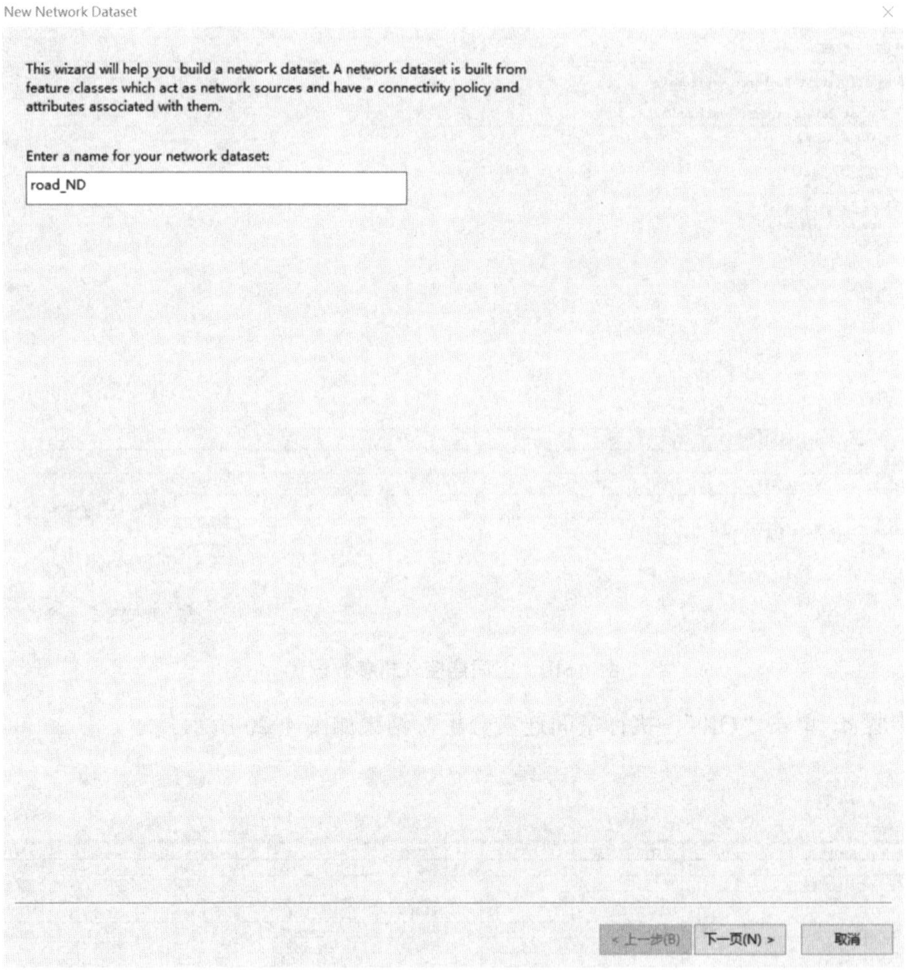

图 4-21　输入网络数据集名称

步骤 3. 点击"下一页"，在"是否要在此网络中构建转弯模型？"下选择"否"选项。

步骤 4. 点击"下一页"，在对话框点击"连通性"按钮，打开"连通性"对话框，保持默认设置，点击"确定"，点击"下一页"。

步骤 5. 在"如何对网络要素的高程进行建模"下选择"无"选项，点击"下一页"，在对话框中为网络数据集指定属性，如图 4-22 所示。

图 4-22　指定网络数据集属性

　　步骤 6. 点击"下一页"，在"是否要为网络数据集建立行驶方向设置？"下选择"否"选项。

　　步骤 7. 点击"下一页"，对话框中显示所有设置汇总信息，点击"完成"。此时再次弹出对话框，询问"新网络数据集已创建，是否立即构建？"，单击"是"立刻构建网络数据集。

　　步骤 8. 构建完成后会弹出"添加网络图层"对话框，询问"是否将参与所有要素类添加到地图？"，点击"是"，新的网络数据集"road_ND"、系统交汇点要素类"road_ND_Junctions"以及"road"要素都会被添加到右侧的内容列表中，如图 4-23 所示。

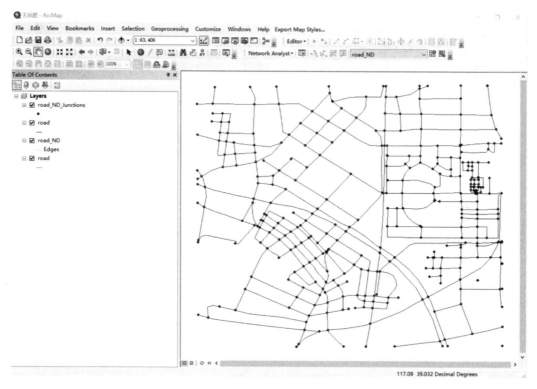

图 4-23　网络数据集创建结果

（2）最短路径分析

以查找一条按预定顺序访问一组停靠点时的最短路径为例，获取网络中最短路径的具体操作如下：

步骤 1. 右键点击列表窗口的"Layers"，选择"属性"，打开"数据框属性"对话框，点击常规选项卡，将"显示"单位设置为"米"，点击"确定"。

步骤 2. 在主菜单上点击自定义>工具条>Network Analyst，将"网络分析"工具条添加到 ArcMap 中。

步骤 3. 在工具条的"网络分析"下拉列表中选择"新建路径"，此时路径分析图层被添加到网络分析窗口中，且网络分析类为空，同时分析图层也被添加到内容列表窗口中，如图 4-24 所示。

步骤 4. 在"网络分析"工具条中点击"网络分析窗口"图标 ▦ ，点击停靠点（0）选项，表示它是活动的网络分析；然后在"网络分析"工具条上点击"创建网络位置工具"图标 ，在道路图中依次选择停靠点 1、停靠点 2、停靠点 3、停靠点 4 和停靠点 5，如图 4-25 所示。

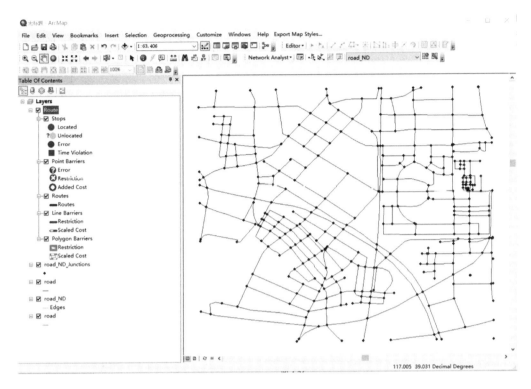

图 4-24　添加网络分析图层

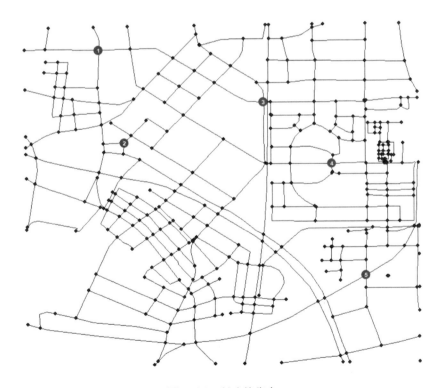

图 4-25　创建停靠点

步骤 5. 在"网络分析"工具条上，单击"求解"图标 ▦，从停靠点 1 到停靠点 5 的"路径"要素将出现在地图显示窗口和网络分析窗口的路径类中，如图 4-26 所示。

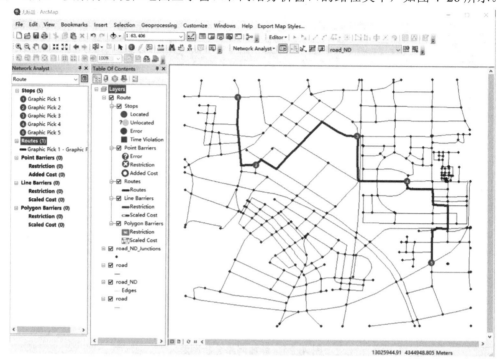

图 4-26   求解最短路径

步骤 6. 保存最短路径，方式有三种：保存地图文档；将分析图层"路径"导出为 LYR 图层文件；使用导出数据命令将分析的子图层保存为要素。

4.2 栅格数据的空间分析

4.2.1 栅格距离分析

对于栅格数据而言，通过欧氏距离分析可以计算区域内每个栅格单元与最近源之间的欧氏距离。本例以某区域的小学为源数据，生成区域内每个分析单元离最近小学的距离栅格，操作步骤如下：

步骤 1. 在 ArcMap 中加载"Euclidean distance"文件夹中的"school. shp"和"样区. shp"两个图层。

步骤 2. 点击主菜单>自定义>扩展模块，在打开的"扩展模块"对话框中勾选"Spatial Analyst"选项。

步骤 3. 打开 ArcToolbox，在工具箱中点击 Spatial Analyst 工具>距离分析>欧氏距离，打开"欧氏距离"对话框，在"输入栅格数据或要素源数据"中选择"school. shp"，在"输出距离栅格"中设置欧氏距离成果文件的名称及输出路径，在"输出像元大小（可选）"中输入"50"，如图 4-27 所示。

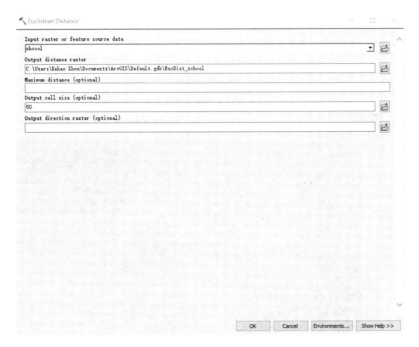

图 4-27　欧氏距离参数设置

步骤 4. 点击"环境...",打开"环境设置"对话框,点击"处理范围",选择"与图层'样区'相同",如图 4-28 所示。

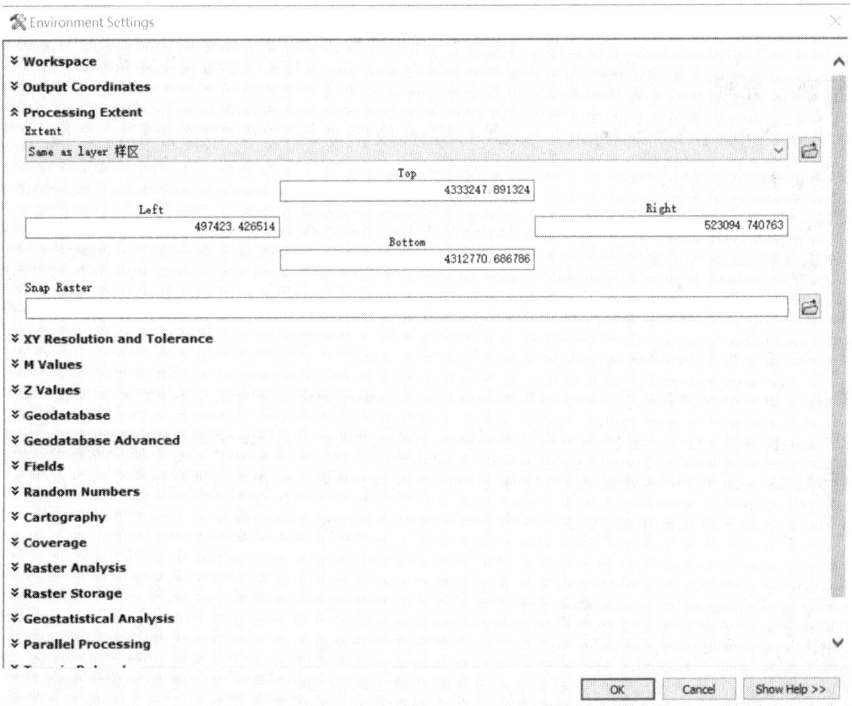

图 4-28　欧氏距离环境设置

步骤 5. 点击"OK",回到"欧氏距离"对话框,点击"OK",执行欧氏距离分析,生成距离栅格图,如图 4-29 所示。

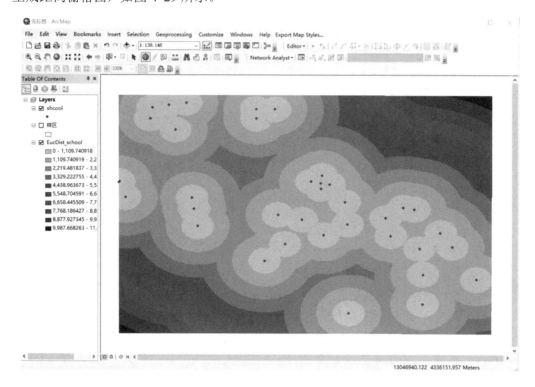

图 4-29   欧氏距离结果图

4.2.2   栅格密度分析

本例以某区域内各街道的人口数据为输入数据,运用核密度分析,生成该区域的人口密度栅格,操作步骤如下:

步骤 1. 在 ArcMap 中加载"kernel density"文件夹中的"population. shp"和"样区. shp"两个图层。

步骤 2. 打开 ArcToolbox,在工具箱中点击 Spatial Analyst 工具>密度分析>核密度分析,打开"核密度"对话框。

步骤 3. 在"输入点或折线要素"中选择"population. shp",在"Population 字段"中选择"population",在"输出栅格"中设置核密度分析成果文件的名称及输出路径,在"输出像元大小(可选)"中输入"100",在"搜索半径(可选)"中输入"5000",在"面积单位(可选)"下拉菜单中选择"平方公里",如图 4-30 所示。

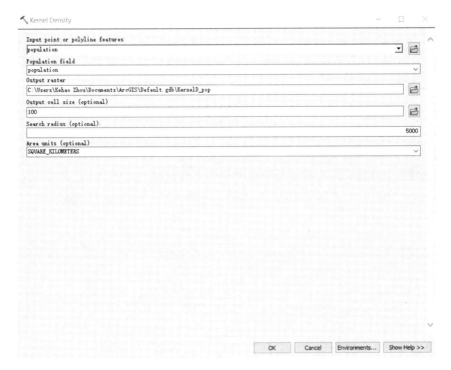

图 4-30　核密度分析参数设置

步骤 4. 点击"环境…",打开"环境设置"对话框,点击"处理范围",选择"与图层'样区'相同",点击"OK",回到"核密度"对话框。

步骤 5. 点击"OK",执行核密度分析,生成人口密度图,如图 4-31 所示。

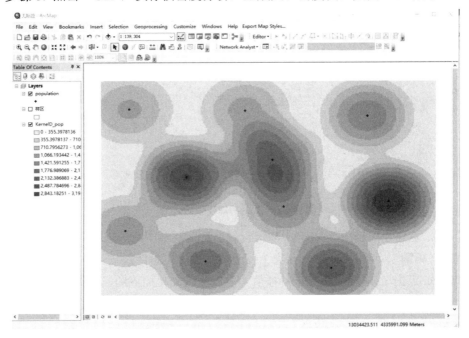

图 4-31　核密度分析结果图

4.2.3 栅格插值

以反距离权重插值法（IDW）为例，对高程点数据进行空间插值的操作步骤如下：

步骤 1. 在 ArcMap 中加载"IDW interpolation"文件夹中的"elevation. shp"和"样区. shp"两个图层。

步骤 2. 打开 ArcToolbox，在工具箱中点击 Spatial Analyst 工具>插值>反距离权重法，打开"反距离权重法"对话框。

步骤 3. 在"输入点要素"中选择"elevation. shp"，在"Z 值字段"中选择"高程"，在"输出栅格"中设置反距离权重法成果文件的名称及输出路径，在"输出像元大小（可选）"中输入"100"，在"幂（可选）"中输入幂值"2"，如图 4-32 所示。

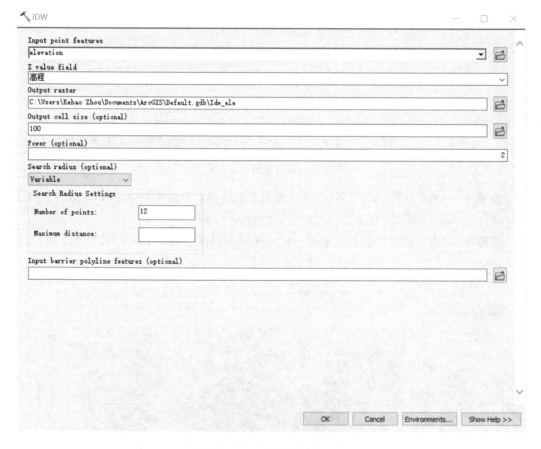

图 4-32 反距离加权参数设置

步骤 4. 点击"环境…"，打开"环境设置"对话框，点击"处理范围"，选择"与图层'样区'相同"，点击"OK"，回到"反距离权重法"对话框。

步骤 5. 点击"OK"，执行 IDW 插值，生成区域高程插值图，如图 4-33 所示。

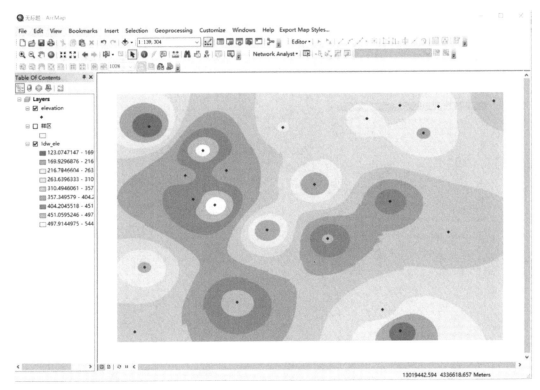

图 4-33　反距离加权插值结果

4.2.4　栅格重分类

以对某区域人口密度栅格数据进行重分类为例，具体操作如下：

步骤 1. 在 ArcMap 中加载"reclassify"文件夹中的人口密度数据"POP. tif"。

步骤 2. 打开 ArcToolbox，在工具箱中点击 Spatial Analyst 工具>重分类>重分类，打开"重分类"对话框。

步骤 3. 在"输入栅格"中选择"POP. tif"，在"重分类字段"中选择"Value"。

步骤 4. 点击"分类"按钮，可以在方法下拉框中选择不同的自动分类方法，也可以在"新旧值对照表"中手动更改"旧值范围"和"新值数值"来进行自定义分类；本例将人口密度自定义分为"0-500""500-1000""1000-1500""1500-2000""2000-2500""2500-3000""3000-3500"7 个类别；在"输出栅格"中设置重分类成果文件的名称及输出路径，如图 4-34 所示。

步骤 5. 点击"OK"，执行重分类，结果如图 4-35 所示。

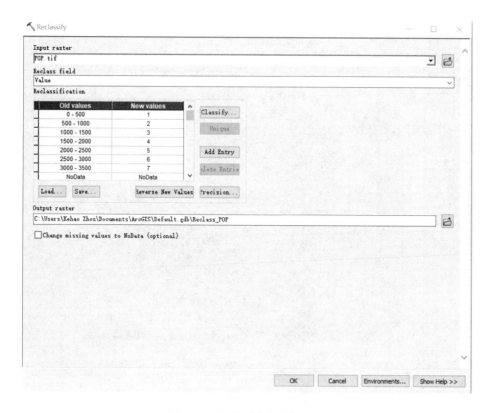

图 4-34　栅格重分类参数设置

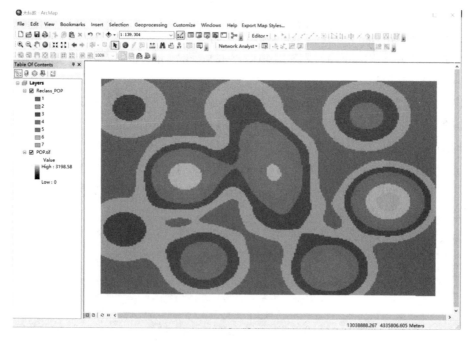

图 4-35　栅格重分类结果

4.2.5 栅格叠合

本例设定离现有小学距离太近（<1000 m）、人口密度过低（<1000 人/km²）、土地利用类型为水域（地类属性为"4"）的区域不适合新建小学。利用栅格叠合进行新建小学的选址，具体操作步骤如下：

步骤 1. 在 ArcMap 中加载"raster calculator"文件夹中的"学校距离.tif""人口密度.tif""地类.tif"三个栅格数据。

步骤 2. 利用上文所述的栅格重分类的方法，分别按表 4-1 的新旧值对照要求对"学校距离.tif""人口密度.tif""地类.tif"三个数据进行重分类，结果分别输出为"学校距离_r""人口密度_r""地类_r"，重分类结果如图 4-36、图 4-37 和图 4-38 所示。

表 4-1　重分类新旧值对照表

数据	旧值	新值
学校距离.tif	0-1000	0
	1000-	1
	NoData	NoData
人口密度.tif	0-1000	0
	1000-	1
	NoData	NoData
地类.tif	1-3	1
	4	0
	5-6	1
	NoData	NoData

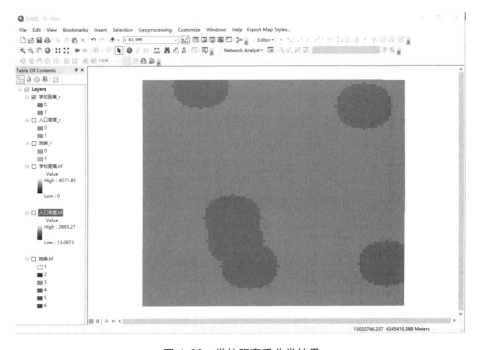

图 4-36　学校距离重分类结果

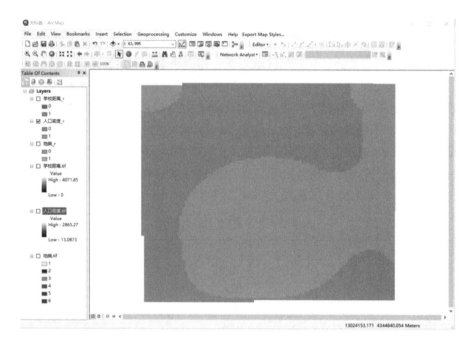

图 4-37　人口密度重分类结果

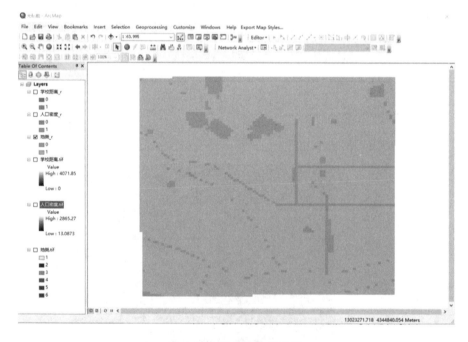

图 4-38　地类重分类结果

步骤 3. 打开 ArcToolbox，在工具箱中点击 Spatial Analyst 工具>地图代数>栅格计算器，打开"栅格计算器"对话框。

步骤 4. 在"地图代数表达式"中通过双击鼠标键入如下表达式：

"学校距离_r" + "人口密度_r" + "地类_r"

在"输出栅格"中设置栅格计算成果文件的名称及输出路径，如图 4-39 所示。

图 4-39　栅格计算器设置

步骤 5. 点击"OK"，执行栅格计算，结果如图 4-40 所示，经过栅格间的加法计算，可以判断栅格属性值较大的位置更适合新建小学，反之不适合。

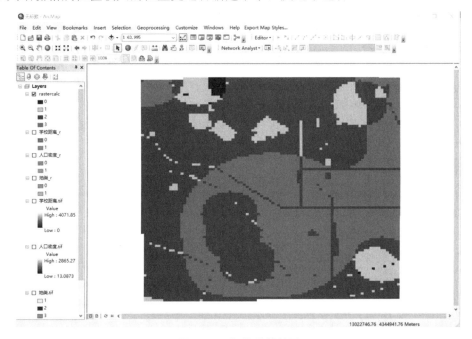

图 4-40　栅格计算结果

第五章 地图制图实习方案

1. 目的、关键技能与准备

1.1 实习目的

地图制图实习是进行地图基础数据处理和基本地图制作的一项基本技能训练。通过实习，应掌握地图学的基本概念，掌握基本地图制图作图方法，熟悉常用相关软件，学会使用制图软件制作各种专题图，进一步掌握地图资料的处理、地图读图、各要素制图综合的方法步骤及相互关系处理。培养资料分析、设计处理、意图表达的能力，训练综合考虑问题的思维方法和规划的技能，培养学生团结合作和细心踏实的工匠精神。

1.2 关键技能

本实习涉及的基础技能：（1）遥感数据解译；（2）地图配准；（3）地图制图。

本实习学习的关键技能：（1）熟悉 GIS 软件中地图投影的应用，掌握常用的地图投影；（2）掌握利用地理配准（Georeferencing）工具进行地形图地理配准的方法及步骤；（3）掌握利用 ArcGIS 软件进行地图矢量化的方法；（4）熟悉计算机制图的流程，掌握应用点值法、分区和分级统计图制图的方法。

1.3 资料准备

（1）软件准备：ArcGIS 10.X；

（2）图件资料：某地区".shp"格式图形数据，行政区划图；

（3）数据：经济数据、人口数据等（本教程数据来源于某地区某年统计年鉴）。

2. 实习任务

（1）地形图阅读记录和投影判别；

（2）ArcGIS 数据录入；

（3）按照规范制作专题图。

3. 实习相关基本原理和方法

3.1 基本原理

3.1.1 地图投影转换

地图投影是地图的数学基础，是将地球表面上的点、经纬度等变换到地图平面上的方法，它直接影响地图的使用。地图投影研究对象为将地球椭球面（或球面）描写到地图平面上的理论、方法及应用，以及地图投影的变形规律、不同地图投影之间的转换和图上量算等问题。其任务是建立地图的数学基础，把地球表面上的地理坐标系转化成平面坐标系，建立制图网——经纬线在平面上的表象。我们将运用地图投影的知识，根据不同投影的特征——经纬线形状，结合制图区域所在的地理位置、轮廓形状及地图的内容和用途等，综合进行分析、判断并辅之以必要的量算来判别它们。

选择地图投影时，往往要考虑许多因素及其相互影响。这些因素主要有：制图区域的范围、形状和地理位置，地图的用途、出版方式及其他特殊要求等。

（1）制图区域的范围、形状和地理位置

对于世界地图，常用的主要是正圆柱、伪圆柱和多圆锥三类投影。

（2）地图的主要用途

地图主要用于哪一方面，解决什么问题，这关系到选用按变形性质分类的哪一类投影。如行政区划图、人口密度图、经济地图等一般要求面积正确，因此应选用等积投影。航海图、航空图、天气图、军用地形图等一般多采用等角投影，因为它能比较正确地表示方向，且在小区域内可保持图形与实地相似，这对于实地使用地图有很大的方便。有些地图要求各种变形都不太大，如教学地图、宣传用地图等，可选用任意投影。

（3）出版方式

如果一幅地图是单独出版的，选择投影比较简单，只要考虑上述的几个因素就可以了。但是如果它是地图集中的或是一组图中的一幅，那么选择投影就比较复杂了。因为地图集是一组（或几组）地图的汇编，它既是统一的整体，而各图组或各图幅又有各自的主题和内容，对投影的要求不可能一样，但在一本地图集中又不宜采用很多种类的地图投影。因此，应考虑与其他图幅的关系，即取得协调或者采用同一系统的投影。例如，同地区的一组专题地图，可用同一种投影。

（4）其他特殊要求

有些地图由于有某些方面的特殊要求，以致影响投影的选择。例如时区图要求经线呈平行直线，因此只能选用正轴圆柱投影。又如绘制中国政区图，不能将南海诸岛作插图，一般不选用圆锥投影，而采用斜方位投影或彭纳投影。另外，编制新图时选择投影需考虑转绘技术问题。由于目前常用的是照相蓝图剪贴法，新编图与基本资料所用的投影经纬线形状要尽可能近似，否则将给工作带来很大的不便。不同投影的特征如表 5-1 所示。

表 5-1　不同投影的特征

投影名称（中文）	投影名称（英文）	标准纬线	中央经线	经纬网形状	变形特点
双标准纬线等角圆锥投影（兰勃特投影）	Lambert conformal conic projection	40ºN 56ºN	10ºE	纬线是以圆锥顶点为圆心的同心圆弧，经线为由圆锥顶点向外放射直线束。	两条标准纬线无变形，等变形线与纬线平行。
双标准纬线等角圆锥投影（兰勃特投影）	Lambert conformal conic projection	24ºN 46ºN	110ºE	纬线是以圆锥顶点为圆心的同心圆弧，经线为由圆锥顶点向外放射直线束。	两条标准纬线无变形，等变形线与纬线平行。
伪圆柱投影（罗宾逊投影）	Robinson projection	38ºN 38ºS	0º	纬线为平行直线，中央经线为直线，其余经线均为对称于中央经线的曲线。	赤道为无变形线，离赤道越远变形越大。
横轴等积方位投影	Azimuthal Equai-Area Projection	0º	20ºE	中央经线和赤道为直线，其他经纬线都是对称于中央经线和赤道的曲线。	面积没有变形，距投影中心越远，变形越大。

3.1.2 地图编制

地图编制的方法可以分为常规技术编制、机助制图编制。

（1）常规技术：地图设计、原图编绘、出版准备、地图印制。

地图设计的内容：确定地图用途及使用对象；收集制图资料、研究制图区域特征；选择地图内容、地图投影、比例尺；确定表示方法、制图综合原则及制图工艺；编写地图设计文件。

（2）机助制图：利用计算机地图制图系统完成原图编绘。地图设计、数据输入、数据处理、图形输出。

3.2 基本方法

3.2.1 地图投影转化和配准

借助地理信息系统的工具模块进行，主要包括选择椭球体、选择投影类型、设置投影参数、设置坐标单位。

3.2.2 专题图制图

专题地图的编制程序分为地图设计、地图编绘、出版准备三个阶段。

（1）地图设计

在具体进行地图设计之前，应先了解与确定编图的目的、任务及用图对象，这与选取地理底图及专题要素的内容、表示方法及色彩，考虑图面配置的方案等都是直接相关的。地图设计主要包括：确定制图区域的范围、地图的主要参数；图面配置设计；表示方法与资料的分配；图例系统与符号的设计；制定作业方法与制印；以编辑设计书的形式加以落实。

（2）地图编绘

专题地图的作者根据对专题内容的理解，用一定的表示方法，将专题内容完整、准确地定位表示在地理底图上，就成为作者原图。作者须遵从编辑设计书的基本要求，同时还应提供编图的原始数据及必要的文字说明。

作者原图是编绘原图的基础，编绘原图的步骤及方法与普通地图相似，由制图人员按编绘大纲要求进行。在编绘原图之前，应先制作地理底图，再按一定的编图方法，将作者原图上的内容转绘到地理底图上。

（3）出版准备

在同一幅地图上，图面内容的安排包括：各种大小或类型的地图的配置；地图图名、图例、统计图表、照片影像、文字说明等的位置与大小；专题要素与底图要素的配合与取舍；专题内容与图廓的关系等。

4. 操作步骤

4.1 地图投影的认识及应用

（1）定义投影

在 ArcMap 中，添加"数据 DATA.shp"，打开 ArcToolbox，点击数据管理工具>投影与变换>定义投影，如图 5-1 所示。

图 5-1 定义投影

（2）设置格网

步骤 1. 点击视图>布局视图，在图框中右击"属性"，如图 5-2 所示，在"数据框属性"对话框中，点击"格网"，对话框中有提示"只能在布局视图中的数据框上绘制参考格网。",这也是我们第一步要切换到布局视图的原因。点击"新建格网",如图 5-3 所示。

图 5-2　查询属性

图 5-3　新建地图格网

步骤 2. 此时弹出"格网和经纬网向导"对话框,这里选择"经纬网"。此外,如果需要创建多个格网,可以自定义一个格网名称以便于区分,然后点击"下一页",如图 5-

4 所示。

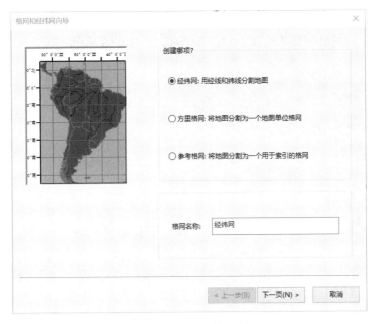

图 5-4　格网和经纬网向导

（3）创建经纬网

在这里需要设置经纬网的外观和间隔（即网格中相邻两条经度线或纬度线之间的间隔，如图设置的即为 3 分×3 分的经纬网），如图 5-5 所示。

图 5-5　创建经纬网

（4）投影变换

在 ArcMap 中，添加数据"DATA.shp"，打开 ArcToolbox，点击数据管理工具>投影与变换>投影，根据制图需要选择不同投影变换，如图 5-6 所示。

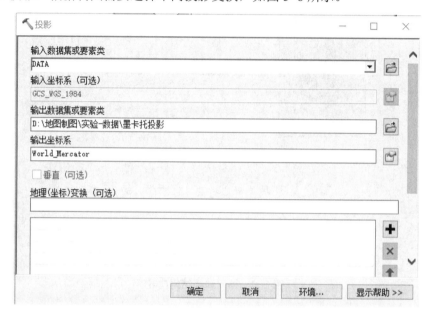

图 5-6　输出不同投影地图

4.2 地形图坐标配准、设置数据框属性（单位、坐标系）

步骤 1. 在 ArcMap 中，依次添加数据"DATA.shp"和"DATA1.jpg"，如图 5-7 所示。此时由于 JPG 格式地图无坐标系和投影，故系统弹出如图 5-8 所示警告。

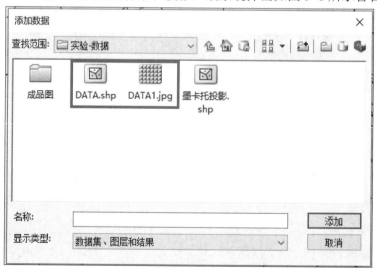

图 5-7　向系统中添加数据

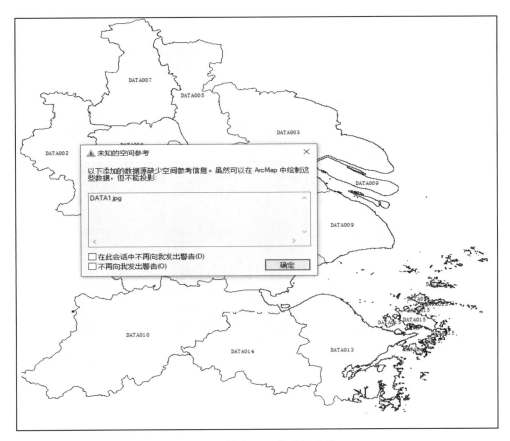

图 5-8 检查 JPG 格式无投影

步骤 2. 右键单击工具栏空白处,选择"地理配准",关掉自动校正,运用 添加控制点,点击 查看链接表,如图 5-9 所示。

	链接	X 源	Y 源	X 地图	Y 地图	残差_x	残差_y	残差
☑	1	1175.56181271	-809.15919836	117.71647257	39.53405692	n/a	n/a	n/a
☑	2	1191.18337563	-1559.22969543	117.71931591	38.66465459	n/a	n/a	n/a
☑	3	573.81535533	-1532.84644670	116.86977297	38.68421412	n/a	n/a	n/a

RMS 总误差(E): Forward:0

□自动校正(A) 变换(T): 一阶多项式(仿射)
□度分秒

图 5-9 在配准图参考图层添加控制点并查看链接表

步骤 3. 输出配准图。

4.3 点值法制图

步骤 1. 在 ArcMap 中,添加数据"DATA.shp"。

步骤 2. 对数据进行处理，右键点击"DATA.shp"，打开属性表，查看属性表字段名，如图 5-10 所示。

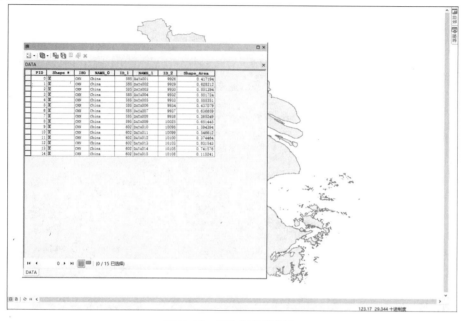

图 5-10　查询属性数据表

步骤 3. 制作相关数据表 Excel 格式，选择 NAME_1 字段作为共同字段，以连接相关数据，如图 5-11、图 5-12 所示。

图 5-11　连接数据表过程

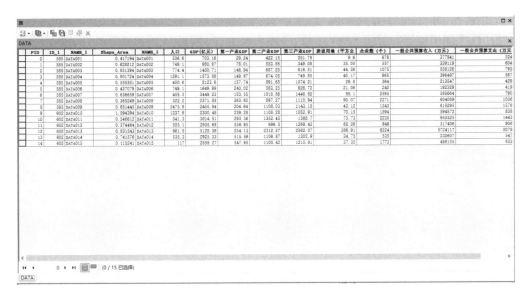

图 5-12 属性表查询

步骤 4. 选择表示方法及设计图例：右键点击图层 "DATA.shp"，点击图层属性>符号系统>数量>点密度>人口，依次选取点大小、设置点值大小、选择背景，点击 "确定"，如图 5-13 所示。

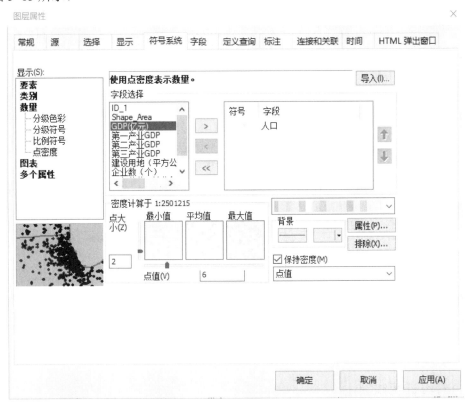

图 5-13 制作点值图

步骤 5. 点击视图>布局视图>插入，依次选择标题、内图廓线、图例、指北针、比例尺，进行图形整饰，如图 5-14 所示。

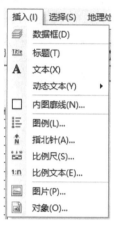

图 5-14   图形整饰

步骤 6. 输出图形：点击文件>导出地图，随后选择分辨率，设置所需值，如图 5-15 所示。

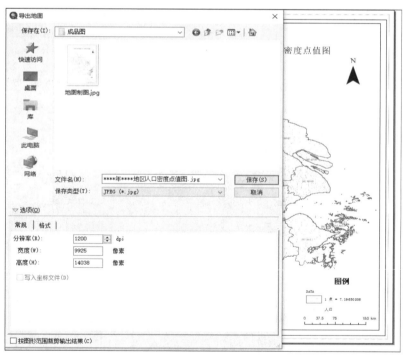

图 5-15   地图导出

步骤 7. 点击"保存"，输出成品图。

4.4 分级统计图制图法

步骤 1. 在 ArcMap 中，添加数据 DATA.shp。

步骤 2. 对数据进行处理，右键点击"DATA.shp"，打开属性表，查看属性表字段名，如图 5-16 所示。

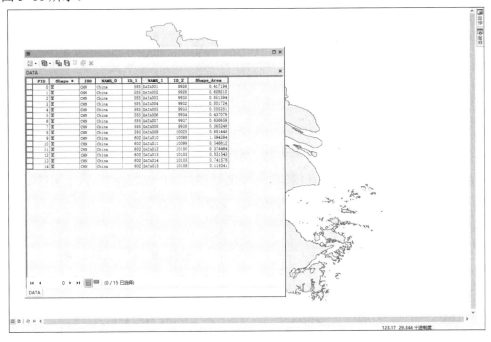

图 5-16　属性表查询

步骤 3. 制作相关数据表 Excel 格式，选择 NAME_1 字段作为共同字段，以连接相关数据，如图 5-17、图 5-18 所示。

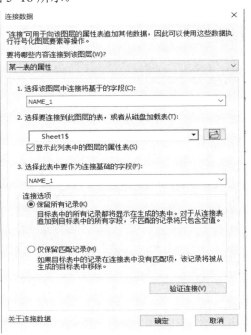

图 5-17　连接数据表

TianjinXJ

FID	Shape *	PAC	NAMS	省代码	省	市代码	市	类型	面积	NAMS	人口（万人	建设用地（平方公	企业数（个	一般公共预算收入（万	一般公共预算支出（万
0	面	120101	和平区	120000	天津	120000	天津	市辖区	117.189831	和平区	35.5	9.6	678	377841	524652
1	面	120102	河东区	120000	天津	120000	天津	市辖区	117.248888	河东区	85.8787	35.05	557	339119	604267
2	面	120103	河西区	120000	天津	120000	天津	市辖区	117.222588	河西区	82.2174	44.36	1075	558126	793967
3	面	120104	南开区	120000	天津	120000	天津	市辖区	117.149642	南开区	89.0422	40.17	965	396497	567915
4	面	120105	河北区	120000	天津	120000	天津	市辖区	117.207713	河北区	64.7702	26.6	364	213547	429092
5	面	120106	红桥区	120000	天津	120000	天津	市辖区	117.149244	红桥区	48.313	21.06	240	192329	419377
6	面	120110	东丽区	120000	天津	120000	天津	市辖区	117.40261	东丽区	85.7027	89.1	2595	585664	790400
7	面	120111	西青区	120000	天津	120000	天津	市辖区	117.113174	西青区	119.5124	90.07	2271	604089	1036113
8	面	120112	津南区	120000	天津	120000	天津	市辖区	117.379474	津南区	92.8066	43.12	1343	615295	1576192
9	面	120113	北辰区	120000	天津	120000	天津	市辖区	117.166787	北辰区	90.9643	70.15	1594	594572	838950
10	面	120114	武清区	120000	天津	120000	天津	市辖区	117.022315	武清区	115.1313	75.73	2235	953325	1443232
11	面	120115	宝坻区	120000	天津	120000	天津	市辖区	117.39932	宝坻区	72.2367	62.26	949	317406	906007
12	面	120116	滨海新区	120000	天津	120000	天津	市辖区	117.567621	滨海新区	206.7318	386.91	6224	5724117	8079097
13	面	120117	宁河区	120000	天津	120000	天津	市辖区	117.650219	宁河区	39.5314	24.75	535	230607	547829
14	面	120118	静海区	120000	天津	120000	天津	市辖区	116.960348	静海区	78.7106	37.35	1773	486105	833663
15	面	120119	蓟州区	120000	天津	120000	天津	市辖区	117.428776	蓟州区	79.5516	23.96	405	225224	1156827

图 5-18　属性表查询

步骤 4. 选择表示方法及设计图例：右键点击图层"DATA.shp"，点击图层属性>符号系统>数量>分级色彩>值>色带>分类>确定，如图 5-19 所示。

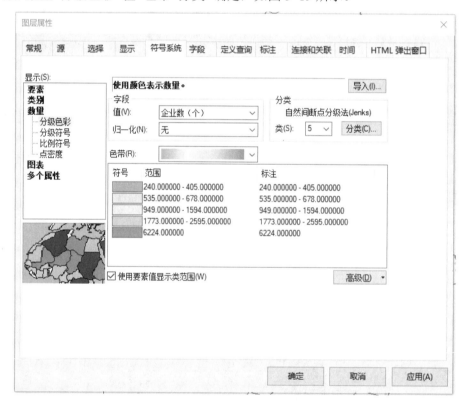

图 5-19　制作分级统计图

步骤 5. 点击视图>布局视图>插入，依次选择标题、内图廓线、图例、指北针、比例尺，插入相关地图要素，如图 5-20 所示。

图 5-20 插入地图要素

步骤 6. 输出图形：点击文件>导出地图，随后选择分辨率，设置所需值，如图 5-21 所示。

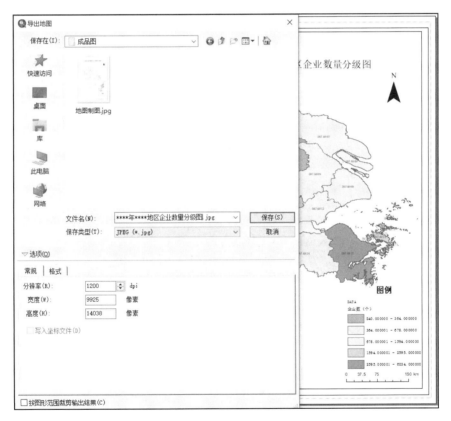

图 5-21 地图导出

步骤 7. 点击"保存"，输出成品图。

4.5 分区统计图制图法

步骤 1. 在 ArcMap 中，添加数据"DATA.shp"。

步骤 2. 对数据进行处理，右键点击"DATA.shp"，打开属性表，查看属性表字段名，如图 5-22 所示。

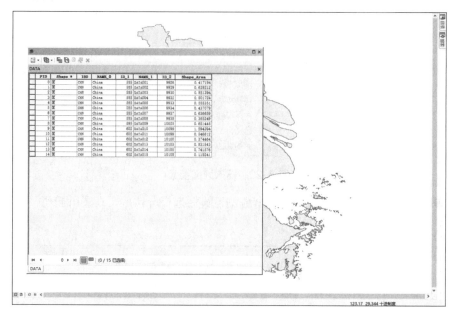

图 5-22　属性表查询

步骤 3. 制作相关数据表 Excel 格式，选择 NAME_1 字段作为共同字段，以连接相关数据，如图 5-23、图 5-24 所示。

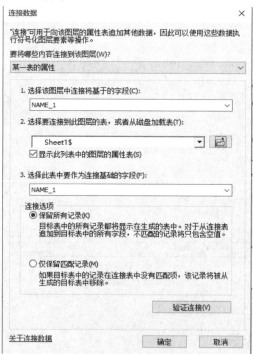

图 5-23　连接数据表

表

TianjinXJ

FID	Shape *	PAC	NAMB	省代码	省	市代码	市	类型	面积	NAMB	人口（万人）	建设用地（平方公	企业数（个）	一般公共预算收入（万）	一般公共预算支出（万
0	面	120101	和平区	120000	天津	120000	天津	市辖区	117.189831	和平区	35.5	9.6	678	377841	524652
1	面	120102	河东区	120000	天津	120000	天津	市辖区	117.248888	河东区	85.8787	35.05	557	339119	604267
2	面	120103	河西区	120000	天津	120000	天津	市辖区	117.222588	河西区	82.2174	44.36	1075	558126	793367
3	面	120104	南开区	120000	天津	120000	天津	市辖区	117.149842	南开区	89.0422	40.17	965	396497	567915
4	面	120105	河北区	120000	天津	120000	天津	市辖区	117.207713	河北区	64.7702	26.6	364	213547	429092
5	面	120106	红桥区	120000	天津	120000	天津	市辖区	117.149244	红桥区	48.313	21.06	240	192329	419377
6	面	120110	东丽区	120000	天津	120000	天津	市辖区	117.40261	东丽区	85.7027	88.1	2595	585664	790400
7	面	120111	西青区	120000	天津	120000	天津	市辖区	117.113174	西青区	119.5124	90.07	2271	604089	1036113
8	面	120112	津南区	120000	天津	120000	天津	市辖区	117.379474	津南区	92.8066	43.12	1343	615295	1576192
9	面	120113	北辰区	120000	天津	120000	天津	市辖区	117.166787	北辰区	90.9643	70.15	1594	594572	838950
10	面	120114	武清区	120000	天津	120000	天津	市辖区	117.022315	武清区	115.1313	75.73	2235	953325	1443232
11	面	120115	宝坻区	120000	天津	120000	天津	市辖区	117.39932	宝坻区	72.2367	62.26	949	317406	906007
12	面	120116	滨海新区	120000	天津	120000	天津	市辖区	117.567621	滨海新区	206.7318	386.91	6224	5724117	8079097
13	面	120117	宁河区	120000	天津	120000	天津	市辖区	117.650219	宁河区	39.5314	24.75	535	230607	547829
14	面	120118	静海区	120000	天津	120000	天津	市辖区	116.960348	静海区	78.7106	37.36	1773	486105	933663
15	面	120119	蓟州区	120000	天津	120000	天津	市辖区	117.428776	蓟州区	79.5516	23.98	405	225224	1156827

图 5-24　属性表查询

步骤 4. 选择表示方法及设计图例：右键点击图层"DATA.shp"，点击图层属性>符号系统>图表>条形图/柱状图>字段选择>确定，如图 5-25 所示。

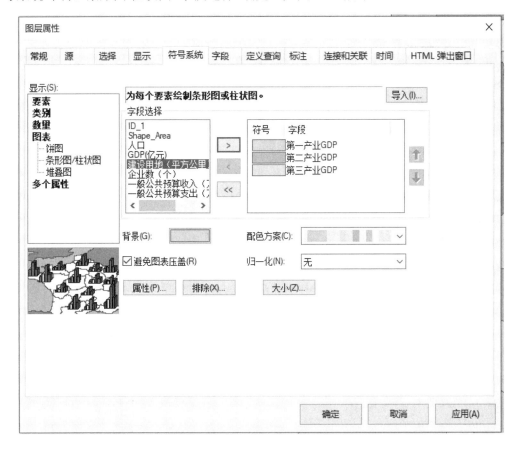

图 5-25　制作分区统计图

步骤 5. 点击视图>布局视图>插入，依次选择标题、内图廓线、图例、指北针、比例尺，插入相关地图要素，如图 5-26 所示。

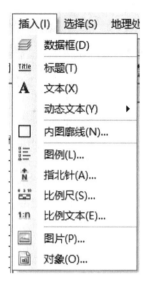

图 5-26　插入地图要素

步骤 6. 输出图形：点击文件>导出地图，随后选择分辨率，设置所需值，如图 5-27 所示。

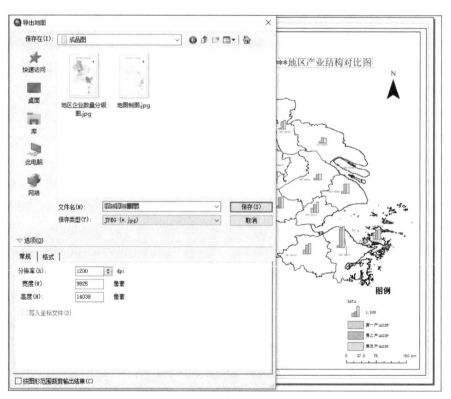

图 5-27　地图导出

步骤 7. 点击"保存"，输出成品图。

第六章 地籍调查实习方案

1. 目的、关键技能与准备

1.1 实习目的

本实习主要要求学生掌握土地权属调查。根据地籍调查的基本要求与方法，学会设计地籍调查表，掌握地籍调查基本过程，掌握宗地权属界线确定、宗地草图绘制，掌握土地所有权、使用权的土地权属来源及其权利所涉及的位置、界址、面积和用途等基本情况的调查。要求学生坚定理想信念，实事求是，践行工匠精神。

1.2 关键技能

本实习涉及的基础技能：（1）遥感数据解译；（2）土地资源调查；（3）地理信息空间分析；（4）地图制图。

本实习学习的关键技能：（1）掌握宗地权属界线的确定、界址点位置的测量等外业实施方法；（2）了解什么是宗地草图、宗地图，宗地图的用途以及施测过程中应该注意的细节；（3）熟练掌握宗地图测量程序、宗地草图的绘制、宗地图的绘制。

1.3 资料准备

（1）软硬件准备：手持 GPS、ArcGIS 软件；

（2）图件资料：应采用已有地籍图、大比例尺地形图或大比例尺正射影像图。在调查时，按街坊或社区现状绘制宗地关系位置图，或根据村庄的具体情况，在调查底图上标绘调查范围界线、行政界线，统一划分地籍区。

2. 实习任务

（1）设计地籍调查表（并填写地籍调查表，进行调查）；

（2）外业调查；

（3）内业数据整理；

（4）绘制宗地草图和宗地图（界址点位置、估算面积）；

（5）土地统计（按地类）；

（6）地籍信息库建立；

（7）地籍档案留存（调查表附报告后）。

3. 实习相关基本原理和方法

3.1 相关术语

（1）宗地：宗地是土地权属界址线封闭的地块或空间。

（2）宗地草图：描述宗地位置、界址点、界址线、相邻宗地关系以及宗地内定着物位置等要素的现场调查记录。宗地草图是地籍资料中的原始记录，宗地草图为界址点的维护、恢复和解决权属纠纷提供依据；宗地草图可配合地籍调查表，为测定界址点坐标和制作宗地图提供重要信息；宗地草图是检核地籍图中各宗地的几何关系、保证地籍图质量的重要图件。

宗地草图包括本宗地号和门牌号、相邻宗地的宗地号和门牌号；本宗地使用者名称、相邻宗地使用者名称；本宗地界址点、界址点编号及界址线；宗地内及宗地外紧靠界址点（线）的主要建筑物和构筑物；界址边长、界址点与相邻地物的关系距离及建筑物边长；界址点的几何条件；指北线、丈量者、丈量日期等。

（3）宗地图：描述一宗地位置、界址点、界址线、相邻宗地关系以及宗地内定着物位置等要素的地籍图，是不动产登记簿和不动产权证书的附图。它反映一宗地的基本情况。其中有宗地权属界线、界址点位置、宗地内建筑物位置与性质、与相邻宗地的关系等。作用：描述宗地位置、界址点线关系、相邻宗地编号的分宗地籍图，用来作为该宗土地产权证书和地籍档案的附图。

宗地图包括：

1）图幅号、地籍号、坐落。

2）单位名称、宗地号、地类号和宗地面积，且标注在宗地图的中部。

3）界址点、点号、界址线和界址边长。

界址线是不动产单元的边界线。界址点是界址线的转折点。图上界址点以直径 0.8 mm 的小圆圈表示，包含与邻宗地共用的界址点，从宗地左上角沿顺时针方向以 1 开始顺序编号，连接各界址点形成界址线，两相邻界址点之间的距离即为界址边长。

4）宗地内建筑物和构筑物。

若宗地内有房屋和围墙，应注明房屋和围墙的边长。

5）邻宗地宗地号及界址线。

应在宗地图中画出与本宗地有共同界址点的邻宗地界址线，并在邻宗地范围内注明其宗地号。

6）相邻道路、街巷及名称。

宗地图中应画出与该宗地相邻的道路及街巷，并注明道路和街巷的名称。此外，宗地图中还应标出指北针方向，注明所选比例，还应有绘图员和审核员的签名以及宗地图的绘制日期。宗地图要求必须按比例真实绘制，比例尺一般为 1∶500 或大于 1∶500，通常采用 32 开、16 开、8 开大小的图纸。

（4）地籍图：按特定的投影方法、比例关系，采用专用符号，突出表示地籍要素的地图。

3.2 土地利用状况调查

土地利用类别按宗地的实际使用用途，依照《土地利用现状分类》（GB/T 21010-2017）规定调查至二级分类，具体调查技术流程如第二章土地资源调查实习方案，并将调查情况如实填写到地籍调查表上。

3.3 土地权属调查

土地权属调查的目的是查清宗地的土地权属性质、来源及土地所有者或使用者的基本情况等。权属调查是地籍调查的重要环节，也是地籍测量的前提和基础，利用已有土地权属资料，调查人员在现场对土地使用者、土地权属性质、权属来源情况、宗地使用权情况、他项权利状况、土地的批准用途和实际用途等情况进行调查与核实，并当场填写地籍调查表，核查权属证明材料。

调查内容包括权利人或实际使用人及类型、权属性质及来源、位置、用途、使用期限、共有情况等基本权属状况，针对土地承包经营权和农用地的其他使用权，以及发包方、承包方、受让方、地力等级、是否永久基本农田等。

应根据地籍材料，调查核实土地权属状况。对无权属来源材料或实际权属状况与权属来源材料不符合的，应当在调查表中如实记载调查核实情况。具体方法如下：

（1）权利人或实际使用人：有权属来源材料的，核实查清土地权利人的姓名或名称和代理人的姓名或名称及身份证明。权利人是自然人的，查清姓名和身份证明；权利人是法人的，查清法人名称、性质、行业代码、社会信用代码和法定代表人（或负责人）的姓名和身份证明；无权属来源材料的，应收集实际使用人的身份证明复印件。如果土地权利人或实际使用人与房屋、构（建）筑物、林木权源材料中的权利人或实际使用人不一致，则在说明栏说明不一致的情况，同时在房屋调查表、构（建）筑物调查表或林木调查表的说明栏做对应说明。

（2）权利人或实际使用人类型：填写个人、企业、事业单位、国家机关等。

（3）权属性质及来源：有权属来源材料的，核实查清土地权属来源、权属性质、权利类型、起止时间、使用期限等；无权属来源材料的，查清占有或占用土地的权属性质、时间及其历史沿革，并在调查表的说明栏依时间节点进行详细说明。

（4）位置：核实查清用地四至、所在图幅和坐落。核实查清用地四至的相邻权利人或实际使用人名称、地理名称、地类等；核实查清用地所在图幅的比例尺及图幅号；根据权属来源材料及相关政策法规、技术标准中有关地名地址编制的规定，统筹考虑土地权利类型的不同和宗地所处的地理区位，核实查清土地坐落。

对集体土地所有权、土地承包经营权、集体建设用地使用权和农村区域独立的国有建设用地使用权等宗地，核实查清所处的乡（镇、街道）、村（社区）、村民小组等。

对城镇区域的国有建设用地使用权宗地，核实查清所处的街道办、路（街、巷、弄）、门牌号码；缺门牌号时，可查清毗邻宗地门牌号及其所处方位（东、南、西、北），新建的住宅小区，还未编制门牌号时应查清楼盘名称或小区名称。

对宅基地使用权宗地，核实查清所处的乡（镇、街道办）、村（居委会、社区）、村民小组和门牌号码。

无论哪种权利类型的宗地，还可核实查清所处位置当地习俗称谓的地理名称、道路名称、水系名称、小区名称等，作为宗地坐落的附加信息。

（5）用途：核实查清土地的批准用途和实际用途。

从土地权属来源材料中提取批准用途，并调查实际用途。

对集体土地所有权宗地，不调查批准用途；宗地内各种土地利用现状类型直接引用最新土地利用现状调查成果中确定的地类，并填写到集体土地所有权宗地分类面积调查表中，同时在调查记事栏注明最新土地利用现状调查成果的年代。

1）使用期限：根据土地权属来源材料，查清使用期限；土地权属来源材料中没有描述土地使用期限的或无权属来源材料的，则查清起始使用时间。

2）共有情况：调查核实土地是按份共有还是共同共有，以及全部共有权利人；如果属于按份共有的，则查清共有的份额。

3）对于土地承包经营权和农用地的其他使用权，还应当调查核实发包方、承包方、受让方、地力等级、是否永久基本农田等状况。

发包方名称：以家庭承包或其他方式取得承包经营权的，是指承包合同中的发包方全称。

发包方负责人：主要核实发包方负责人的姓名、联系电话、通信地址及对应的邮政编码、证件种类及编号等。

调查核实承包方、承包合同编号、取得方式、家庭成员情况，调查核实土地经营权人的姓名、经营权取得方式和证明等。其中家庭成员情况包括家庭成员总数及各成员的姓名、与户主关系、身份证号码等。

根据地籍材料，调查核实土地用途、地力等级、是否永久基本农田等。

4. 操作步骤

4.1 步骤 1 遥感影像室内预判

室内预判是在 ArcGIS 软件平台下，通过人机交互和目视判读方式，分析和提取土地利用地类界及地类属性、行政和权属界及现状地物等要素，按规定进行矢量化，为开展外业调查提供必要的工作底图。

（1）坐标系统与投影方式

按照下列规定选择坐标系统与投影方式：

1）应采用 2000 国家大地坐标系（CGCS2000）；如果采用其他坐标系，应与 2000 国家大地坐标系建立转换关系。

2）比例尺为 1∶10000 或 1∶5000 的地籍图和数据，应选择高斯-克吕格投影统一 3°带的平面直角坐标系；比例尺为 1∶50000 的地籍图和数据，应选择高斯-克吕格投影统一 6°带的平面直角坐标系；统一 3°带和 6°带的中央子午线按照地图投影分带的标准选定。

3）比例尺为 1∶500、1∶1000、1∶2000 的地籍图和数据，当投影长度变形值不大于 2.5 cm/km 时，应选择高斯-克吕格投影统一 3°带的平面直角坐标系；当投影长度变形值大于 2.5 cm/km 时，可根据具体情况选择下列平面直角坐标系中的一种：

a）有抵偿高程面的高斯-克吕格投影统一 3°带的平面直角坐标系；

b）高斯-克吕格投影任意带的平面直角坐标系；

c）有抵偿高程面的高斯-克吕格投影任意带的平面直角坐标系。

（2）高程基准

采用"1985 国家高程基准"。

（3）地籍图比例尺的选择

地籍图可采用的比例尺为 1∶500、1∶1000、1∶2000、1∶5000、1∶10000 和 1∶50000 等。依调查的不动产权利类型，按照下列规定选择地籍图的比例尺：

1）集体土地所有权调查，其地籍图的基本比例尺为 1∶10000；有条件的地区或城镇周边的区域，可采用的比例尺为 1∶500、1∶1000、1∶2000、1∶5000；荒漠、沙漠、高原、牧区等地区，可采用的比例尺为 1∶10000、1∶50000。

2）耕地、林地、草地等土地承包经营权调查，农用地的其他使用权调查和林地使用权调查等，其地籍图的基本比例尺为 1∶2000，也可采用 1∶500、1∶1000、1∶5000、1∶10000；荒漠、沙漠、高原、牧区等地区，可采用的比例尺为 1∶50000。

3）建设用地使用权调查、宅基地使用权调查，其地籍图的基本比例尺为 1∶500；山区、丘陵等区域，可采用的比例尺为 1∶1000 或 1∶2000；采矿用地、风景名胜用地、设施农用地、特殊用地、铁路用地、公路用地等区域，可采用的比例尺为 1∶1000 或 1∶2000。

（4）地籍图的分幅与编号

依不同的比例尺，地籍图的分幅应符合下列要求：

1）1∶5000、1∶10000、1∶50000 地籍图分幅与编号按照 GB/T 13989 的规定执行。

a）分幅

1∶100 万地形图的分幅标准按国际分幅法进行。其余比例尺的分幅均以 1∶100 万地形图为基础，按照横行数纵列数的多少划分图幅。

b）编号

1∶100 万图幅的编号，由图幅所在的"行号列号"组成。与国际编号基本相同，但行与列的称谓相反。

1∶50 万与 1∶5000 图幅的编号，由图幅所在的"1∶100 万图行号（字符码）1 位，列号（数字码）1 位，比例尺代码 1 位，该图幅行号（数字码）3 位，列号（数字码）3 位"共 10 位代码组成。例如：J50B001001。

2）坐标格网正方形（矩形）分幅法：1∶500、1∶1000、1∶2000 的地籍图可采用正方形分幅（50 cm×50 cm）或矩形分幅（40 cm×50 cm）。

图幅的编号一般采用坐标编号法。由图幅西南角纵坐标 x 和横坐标 y 组成编号，1∶5000 坐标值取至 km，1∶2000、1∶1000 取至 0.1 km，1∶500 取至 0.01 km。例如，某幅 1∶1000 地形图的西南角坐标为 x=6230 km、y=10 km，则其编号为 6230.0—10.0。也可以采用基本图号法编号，即以 1∶5000 地形图作为基础，较大比例尺图幅的编号是在它的编号后面加上罗马数字。

（5）线要素图形的矢量化

矢量化之前需要按不同的地物要素建立分层文件，并以标准图幅号+要素名称命名各文件。线要素的采集主要有行政界线、线状地物、地类界。

行政界线矢量化包括区内所有的各级行政区划界，矢量化时主要是参照土地利用现状图上的行政界线，按影像的地形或地物线形走向准确矢量化，如果影像上没有明显线形痕迹，则按土地利用图上的行政界线的中心跟踪矢量化。矢量化的时候要注意不同行政级别的线型选择，当行政界线与线状地物重合时要根据行政界线所处线状地物的实际位置，选择单侧还是双侧跳绘。

线状地物矢量化包括宽度大于 2 m，小于最小上图标准的河流、道路、林带、沟、渠等。矢量化时要求跟踪线连续，线要走线状地物的中心，线形偏离值小于图上±0.2 mm。不同的线状地物根据图例板选择不同的线型。

地类界线矢量化时应根据土地利用现状图和影像地物的光谱特征，先确定地类，并考虑该图斑是否够上图标准，然后进行图斑边界的矢量化。

当行政界线与道路、沟渠等线状地物重合时，即这两种要素的位置相同而属性不同时，它们所要求的数据层不同，为了避免重复采集带来的误差，要求先采集一类线，然后复制该线到另一数据层中，再根据图例板修改参数。当地类界与行政界线或线状地物重合时，只画行政界线或线状地物。

在对地类界、行政界线和线状地物进行数据采集时，要尽量保持其封闭性和连续性。在矢量化线要素时，要十分注意的一个问题是各种界线要放对层，各种要素的线型选择要正确，尤其是行政界线如果线型选错很难发现，所以在矢量化的时候一定要细心。

（6）点要素的采集

这一步要采集的点要素主要是地类码，与采集地类界形成地类图斑同时进行。根据影像图和土地利用现状图确定是什么地类，并进行标注，这是外业调查的一个参考。

（7）接边

当各层文件都完成矢量化后，就要进行相应的接边处理，相邻图幅数据自然接边。在接边的过程中，相邻图幅间同名要素距离小于 0.3 mm 的处理方法是移动其中任一要素使两者连接。若相邻图幅间同名要素的距离在 0.3 mm-1 mm，则将两要素各移动一半在中间位置连接。如超出范围，必须检查原因，予以更正。

（8）出图

外业彩色参考图是将室内所采集的所有线要素和点要素叠加在融合影像图上。外业调查使用的工作底图是村图。生成村图时是将村所在的整个乡的图拼接在一起，运用 ArcGIS 的工程裁剪功能，将每个村裁成一个略大于村范围的矩形图。

4.2 步骤 2 外业实地调查

根据资料收集、分析和处理的情况，逐个宗地进行实地调查，现场确定界址位置，填写地籍调查表，绘制宗地草图。

4.2.1 标绘工作底图

按照收集的地籍材料是否完整齐全、地籍材料之间是否能够相互印证、地籍材料现势性的强弱进行分析，评价选择土地权属调查方法（内业核实或外业调查），并在工作底图上进行标注。如无地籍材料，则需要外业调查，并在工作底图上进行标注。

4.2.2 编制宗地代码

在地籍子区范围内，在地籍子区最大宗地代码后预编宗地代码，并填写到宗地调查表上。待地籍子区范围内的宗地全部调查完成后，正式确定宗地代码。

4.2.3 土地权属状况调查

具体操作见本章 3.3。

4.2.4 土地权属界址调查

4.2.4.1 指界

针对需要指界的情形，指认界址位置的方法有两种：一是调查员按照土地权属来源材料或申请材料放样界址位置，并由权利人或实际使用人或代理人指认；二是在调查员的引导下，权利人或实际使用人或代理人按照土地权属来源材料或申请材料指界。指认界址时可借助影像图的帮助，以提高指认界址的正确程度。

指界的技术要求如下：

调查人员应制作指界通知书，送达被调查宗地和相邻宗地的权利人或实际使用人并留存回执；权利人或实际使用人无法联系的，或相邻权利人或实际使用人人数过多、短期内无法统一召集的，可采取公告方式，告知其在指定的时间到指定地点出席指界。

1）权利人或实际使用人无法出席指界的，权利人或实际使用人可委托代理人出席指界并签发指界委托书。

2）针对集体土地所有权界线，农民集体经济组织应依法推举指界人，公告推举结果并出具证明。

3）指界时，调查员应查验指界人身份证明。

①权利人或实际使用人是单位的，指界人可以是法定代表人（或负责人），也可以是代理人；法定代表人（或负责人）出席指界的，应出具法定代表人（或负责人）身份证明书和本人身份证明；代理人出席指界的，应出具代理人身份证明及指界委托书。

②权利人或实际使用人是个人的，指界人可以是权利人或实际使用人本人，也可以是代理人；权利人或实际使用人本人出席指界的，应出具本人身份证明；代理人出席指界的，应出具代理人身份证明及指界委托书。

4）依托自然界标物或人工建造界标物，根据土地权属来源材料中的界线描述及界线周围的地物地貌，调查员、本宗地指界人和相邻宗地指界人应共同指认界址线的位置、类型，并将指认的界址点、界址线标注在工作底图上。

5）多个相邻宗地权利人或实际使用人无法同时到场指界时，可分别指界；如果分别指认的界线不一致，则调查员、本宗地指界人、相邻宗地指界人应再次同时到场指界。

6）如果出现违约缺席指界的情形，处理方法如下：

①如一方缺席，则根据权属来源材料和另一方指认的结果确定界线。

②如双方缺席，则由调查人员根据权属来源材料、实际使用现状及地方习惯确定界线。

③将违约缺席指界通知书及界址调查结果书面送达或邮寄给违约缺席者；权利人或实际使用人无法联系的，可以公告的形式告知（如张贴界址调查表和违约缺席指界通知书等）；违约缺席者对界址调查结果如有异议，应在收到界址调查结果之日起 15 日内，提出重新指界申请，并负责重新指界的全部费用；如逾期不申请，则公告 15 日后，依上述①、②确定的界线自动生效。

4.2.4.2　设置界址点

根据调查员、权利人或实际使用人或代理人共同指认的界址线位置和类型，设置界址点，并标注在工作底图上。设置的界址点应能准确表达界址线的走向。界址点设置的技术要求如下：

1）与相邻宗地界址线交叉处应设置界址点。

2）对于多边形宗地，其界线的空间转折处应设置界址点。

3）在一条界址线上，同时存在沟、渠、路、田坎等线状地物，当其长度超过图上 1.2 mm 时，其不同线状地物的变换处宜设置界址点。

4）对于较长的界址线，如果界线两边的沟、渠、路、地类界与其交叉，当相邻交叉点之间的长度超过图上 1.2 mm 时，其交叉处可设置界址点。

5）界址线的曲线部分，宜根据界址线的形状和长度合理设置若干界址点，在宗地草图和宗地图上应使用曲线表达界址线。

4.2.4.3　埋设界标

界址点设置后，应采取协商的方式确定是否需要设置界标、设置什么样的界标、界标如何埋设等。协商的主体是界线双方（或单方）的权利人或实际使用人或代理人，调查员可以按照相关技术标准或政策法规给予必要的建议和协助。界标设置的技术要求如下：

1）可选择其他自然界标物或人工界标物做界址标志，并在界址标示表中增加界标类型。

2）对于设置或埋设界标有困难的界址点（如在水中等情形），应在土地权属界线协议书上或在界址说明表中，对界址点位、权属界线走向进行说明。

3）对损坏的界标，可根据已有解析界址点坐标和界址边长、宗地草图、土地权属界线协议书等材料，采用实地放样的方法恢复界址点，并重置界标。

4.2.4.4 丈量界址边长

完成了界址点设置和界标埋设后，按照下列规定丈量界址边长、相关距离或条件距离：

1）应采用检定的钢尺或测距仪实地丈量界址边长。

2）采用钢尺（尺段规格为 30 m 或 50 m）丈量界址边长时，应控制在 2 个尺段以内；超过 2 个尺段并确认采用解析法测量的界址点，可采用坐标反算界址边长，并在界址标示表的说明栏中说明。

3）对曲线类界址线，如集体土地所有权宗地、土地承包经营权宗地界址线，可不丈量界址边长。

4.2.4.5 记录界址调查结果

按照下列规定记录界址调查结果：

1）如界线双方指认的界线不一致，并且在短时间内无法协调的，则在工作底图上标注争议区域，并编制不动产权属争议原由书，如表 6-1 所示。

表 6-1　不动产权属争议原由书

_ _ _ _ _ _ _ _ _ _ _ _ _ 与 _ _ _ _ _ _ _ _ _ _ _ 的权属界线于_ _ _ _ 年_ _ _ _ 月_ _ _ _ 日经双方指界人实地踏勘，确认存在争议。经双方商定：暂划定临时界线作为工作界线，此界线仅供面积计算，不作确定权属界线的依据。

不动产权属争议界线所涉及图幅号：
本协议书一式三份，界线双方和县（市、区）不动产登记机构各存一份。

单位（盖章）：　　　　　　　　　　　　　单位（盖章）：

法定代表人或负责人（签章）：　　　　　　法定代表人或负责人（签章）：

指界人（签章）：　　　　　　　　　　　　指界人（签章）：

调查人员（签章）：

年　月　日

2）应依据土地权属来源材料、申请材料，将界址调查的结果，按照下列规定填写到宗地调查表的界址标示表、界址说明表中，并绘制宗地草图或土地权属界线协议书附图。描述界址点、界址线的要求如下：

①描述界址点、界址线所依附地物、地貌的语言应规范。

②宜利用地理方位词说明界址点、界址线的位置和宗地的四至。

③应清楚地表达两个界址点之间的线型，如直线、曲线、圆弧、弧线等。

④对于难以设置的界址线、点，可以采用线平行、线相交、线垂直等方式描述。

3）可按照下列规定编制界址点号：

①在宗地调查表中的界址点号，可以在地籍区或地籍子区范围内统一编制，也可以宗地为单位，从左上角按顺时针方向，从"1"开始编制。

②在地籍数据库中，土地权属界址点号应在地籍区或地籍子区范围内统一编制，保证界址点号唯一，并与宗地调查表中的界址点号建立关联。

③解析界址点号可采用J1、J2……表示，图解界址点号可采用T1、T2……表示。

④界址变更后，新增界址点号在最大界址点号后续编，废弃的界址点号不再使用。

4）指界人按照下列规定签字盖章：

①调查员应明示指界人，认真阅读界址标示表、界址说明表、界址签章表和宗地草图的内容，确认界址的描述是否与指界认定的一致，如果有异议，应及时修正，然后在界址签章表的签字栏签字盖章。

②指界人不识字又无私章的，可代签，形式为"×××代"，由权利人、实际使用人或代理人在代签处按手印，并在记事栏中做出代签和手印说明。

③可根据需要要求指界人在调查工作底图上签字确认指认的界线（含争议界线），并将签字后的调查底图归入宗地调查档案。

④指界人指界后，不在界址签章表上或土地权属界线协议书上签字盖章的，参照违约缺席指界规定处理。

4.2.4.6　宗地草图绘制

（1）宗地草图主要内容为：

1）本宗地号、坐落等。

2）相邻宗地号、坐落等。

3）界址点、界址点号及界址线，宗地内的主要地物、地貌等。

4）界址边长、界址点与邻近明显地物的相关距离或条件距离。

5）确定界址点位置、界址线方位走向所必需的建筑物或构筑物。

6）丈量者、丈量日期、检查者、检查日期、概略比例尺、指北针等。

（2）技术要求

根据指界结果，按照下列技术要求绘制宗地草图，如图 6-1 所示。

1）应根据指界结果进行绘制。

2）可在适宜长期保存、使用的纸张上绘制，或者在宗地调查表中的宗地草图页上绘制，也可在工作底图上绘制；较大宗地可分幅绘制。

3）图上应标注实地丈量的界址边长、相关距离、条件距离等，不应标注图解边长或图解坐标反算边长。

4）图上标注的界址点、界址线与界址标示表、界址说明表中的描述能够建立一一对应关系，与实地能够建立一一对应关系。

5）图上应线条均匀、字迹清楚，数字注记字头向北（上）向西（左）书写，注记过密的地方可移位放大注记，所有的注记不应涂改。

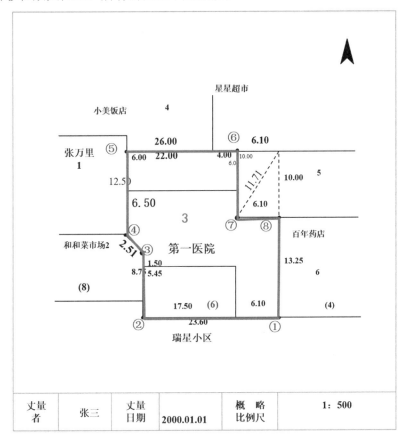

图 6-1　宗地草图

图例：①-⑧：界址点编号；3：本宗地宗地号；(6)：本宗地门牌号；第一医院：本宗地使用者名称；1：邻宗地使用者、宗地号；(8)：邻宗地门牌号

4.3　步骤 3　填写地籍调查表

依据调查对象设计宗地地籍调查表，如表 6-2 所示。宗地权属调查完成后，调查人员应当将结果填写于地籍调查表上。地籍调查表是专门用于权属调查的统一表式。填写地籍调查表时，要特别注意对权属界线的记载。权属界线是连接相邻两个界址点的连线，因此对它的记载应为点-线-点的方式。地籍调查表的填写必须做到图表与实地一致，各项内容填写齐全、准确无误，字迹清楚整洁，调查内容不得涂改，划改时要在划改处签章，以示负责。

表 6-2 宗地地籍调查表

土 地使用者	名称	
	性质	
上级主管部门		
土地坐落		

法人代表或户主			代理人		
姓名	身份证号码	电话号码	姓名	身份证号码	电话号码

土地权属性质		
地籍号		
所在图幅号		
宗地四至		
批准用途	实际用途	使用期限
共有使用权情况		
说明		

界址线		邻宗地			本宗地	
起点号	终点号	地籍号	指界人姓名	签章	指界人姓名	签章
界址调查员姓名						

宗 地 草 图

丈量者		丈量日期		概略比例尺	

（1）图斑所在图幅号填写 1∶10000 土地利用图号，图斑跨图幅时填写全部图号。

（2）土地坐落填写××区（县）××镇××村；页次应连续编号填写。

（3）地类代码和地类名称按照土地利用类型据实调查填写。

（4）临时图斑号（序号）为外业调查使用的图、表临时标记。

（5）正式图斑号（序号）是外业结束后，以村为单位从左到右从上到下依次排序编排代码；临时与正式图斑号可以相同也可以不同。

（6）土地所有权按国有、乡镇集体、村集体三种形式，根据调查结果，分别填写"G""X""J"。

（7）土地使用权单位填写土地所有者、使用者名称：如××村；国有单位名称字数较多，字格内可填简称，全名可以写在备注栏内。

（8）线状地物、地类名称根据调查结果填写，宽度记录到小数点后一位；土地使用权单位填写土地所有者、使用者名称，权属归两个单位的要把两个单位的名称全填上；图斑依附有多条线状地物的要依次列出，同类线状地物还应编写顺序号。

（9）零星地类的地类代码和地类名称、长、宽及面积根据调查结果填写，其权属性质一般与图斑权属相同。

（10）飞地单位栏填写该图斑的所有权者单位名称。

（11）宗地草图要反映出其形状、相邻地物、权属特征及相邻图斑号，属于补测的还应标注图斑的边长。

4.4 步骤 4 内业整饰

内业整饰是调查成果质量的保证，它包括外业调查表格的整饰，外业调查底图的整饰，编绘土地利用现状图、权属界限图和面积量算等内容。

（1）外业调查表格的检查与整饰

外业调查表格是我们在野外进行实地调查的原始资料，对表内的地类名称、图斑号、土地权属性质、土地使用单位，以及本宗地号和周围的图斑号等都要一一进行对照检查，有不清楚或存在疑问的要到实地进行核实。确定无疑才可进行下一图斑的检查核对工作。

（2）外业底图的整饰

主要是根据外业调查的实际情况对各地类的准确代码，地类界线，线状地物的长、宽等进行核实和确认。

（3）利用外业调查成果进行矢量数据的修正

利用外业调查的成果，对前期计算机预处理的矢量数据进行地类界线、线状地物、属性等的修正。最终，数据结果都以实地调查为准。

4.5 步骤 5 土地统计

按土地类型对宗地进行土地统计，如表 6-3 所示。

表 6-3　研究区土地利用统计表

土地类型	城镇住宅用地	教育用地	零售商业用地	餐饮用地	城镇村道路用地	其他用地
土地面积 单位：m²						
土地总面积 单位：m²						

4.6 步骤 6 地籍信息库建立

收集、分析和处理土地权属资料，并在 ArcGIS 软件中模拟地籍信息系统建立数据库。

4.6.1 数据库内容

地籍数据库包括地籍区、地籍子区、权属、利用、基础地理等数据。

1）权属数据主要包括不动产的权属、位置、界址、面积、用途等。

2）利用数据主要包括行政区（含行政村）内图斑的权属、地类、面积、界线等。

3）基础地理数据主要包括数学基础、控制点、境界、交通、水系、居民地、地貌、注记等。

4.6.2 数据库的建设、更新与维护

地籍数据库建设、更新与维护的主要工作内容包括：准备工作、材料预处理、数据库结构设计、数据采集和编辑处理、数据库建设、质量控制、成果输出、文字报告编写、检查验收、成果归档、数据库更新与应用、数据库运行与维护等。

（1）准备工作：制定建库方案、优选建库软件、搭建硬件环境、培训建库人员、熟悉地籍调查成果和不动产登记档案、了解成果质检报告和验收结论等。

（2）材料预处理：检查建库材料的完整性，检查权属调查材料的合理性和逻辑一致性，检查坐标系和投影系统，进行必要的坐标变换和投影转换，检查纸质地籍图图面内容、接边和电子地籍图的分层、属性标记等。

（3）数据库结构设计：根据地籍数据库标准设计地籍数据库结构。

（4）数据采集和编辑处理：图形数据采集和属性数据采集、建立图形数据的拓扑关系、建立图形与属性逻辑关系、图形编辑和属性编辑、拓扑错误的处理、属性数据的检校、图形与属性逻辑一致性的检校等。

（5）数据库建设：按照地籍数据库文件命名规则、空间数据分层要求和属性数据库结构，建立空间数据库和属性数据库，生成标准的数据交换文件、数据字典和元数据文件。

（6）质量控制：填写建库图历表，遵守建库工艺流程，落实质量保证措施和自检、互检、质检。

（7）成果输出：地籍图输出、宗地图输出、界址点成果表输出、面积统计汇总成果数据输出、地籍调查表和不动产单元表输出、扫描影像文档成果输出、专题图和专题统计汇总成果输出等。

4.7 步骤 7 地籍档案留存

4.7.1 基本要求

地籍调查成果整理与归档的基本要求如下：

1）应建立地籍调查档案管理制度，明确地籍调查档案整理、归档、管理和使用要求。

2）在地籍调查工作结束后，应对成果进行整理归档。

3）地籍数据库经检查验收后，生成不动产单元表。

4.7.2　成果分类

地籍调查成果的分类方法如下：

1）按照介质分，地籍调查成果包括纸质成果和电子数据。

2）按照类型分，地籍调查成果包括文字、图件、簿册和电子数据等。

①文字成果包括工作方案、技术方案、工作报告、技术报告、质检报告等。

②图件成果包括工作底图、地籍图、不动产单元图等。

③簿册成果包括地籍调查外业记录手簿、控制测量原始记录与平差成果、不动产测绘原始记录、地籍调查表册、各级质量控制检查记录等。

④电子数据成果包括数字地籍图、数字不动产单元图、影像数据、电子表格数据、文本数据、界址点坐标数据、土地（海域）分类面积统计汇总数据、房屋和构（建）筑物分类面积统计数据、不动产单元表、各类数字扫描件和地籍数据库等。

4.7.3　成果整理归档

地籍调查成果整理归档的方法如下：

1）成果按照统一的规格、要求进行整理、立卷、组卷、编目、归档等。

2）成果整理时，应核查成果是否齐全、是否符合要求，凡发现成果不全、不符合要求的，应进行补充修正。

下　篇

综合技能训练模块

第七章　土地适宜性评价实习方案

1．目的、关键技能与准备

1.1 实习目的

国土空间开发适宜性是在国土安全不遭受到破坏以及生态系统保持健康良好运行的条件下，特定国土空间对农业生产、城镇建设等的适宜程度，且包括生态保护重要性、农业生产适宜性、城镇建设适宜性评价。本实习根据《资源环境承载能力和国土空间开发适宜性评价技术指南（试行）》（自然资办函〔2020〕127 号）要求，主要进行农业生产适宜性和城镇建设适宜性两项实习内容。通过构建农业生产、城镇建设适宜性的评价指标体系，基于 GIS 空间分析方法开展单一空间适宜性评价和多要素叠置分析的集成评价并划定出农业生产适宜性等级和城镇建设适宜性等级。通过实习，使学生更深刻地理解土地管理实践对环境、社会可持续发展的影响，培养学生的人文社会科学素养和社会责任感。

1.2 关键技能

本实习涉及的基础技能：（1）地理数据空间分析；（2）地图制图。

本实习学习的关键技能：（1）ArcGIS 10.X 要素类加载、查看和符号化等；（2）使用栅格计算器、重分类、焦点统计等栅格分析工具；（3）添加和计算字段等表操作。

1.3 资料准备

（1）软件准备：ArcGIS 10.X；

（2）图件资料：实验地块适宜性评价矢量过程要素.mdb；

（3）数据资料：土地资源（如坡度、土壤质地）、水资源（降水量、水资源总量）、气候（舒适度、积温）、环境（大气环境容量、水环境容量等）、区位条件（交通干线、道路中心线等）、土地利用、土壤污染、行政区范围、中心城区。本章以天津市相关数据为基础数据源，对天津市滨海新区进行土地适宜性评价。

2．实习任务

（1）基于 ArcGIS 10.X 提取各评价因子属性，获得各单一性初评结果；

（2）应用栅格计算器、焦点统计等工具对各单一性初评结果进行修正；

（3）基于 ArcGIS 10.X 对单一性评价结果进行集成评价，获得最终结果。

3. 实习相关基本原理和方法

3.1 基本原理

3.1.1 土地适宜性评价

土地适宜性评价是土地评价中的核心内容，是评定土地对于某种用途是否适宜以及适宜的程度，同时也是进行土地利用决策、科学地编制土地利用规划的基本依据。结合联合国粮农组织颁布的《土地评价纲要》，可将土地适宜性评价定义为：某块土地针对特定利用方式是否适宜、适宜程度如何进行等级评定。

3.1.2 农业生产适宜性评价

农业生产适宜性是指国土空间中进行农业生产活动的适宜程度，农业生产适宜性评价指在生态保护极重要区以外的区域，开展种植业、畜牧业、渔业等农业生产适宜性评价，识别农业生产适宜区和不适宜区。

3.1.3 城镇建设适宜性评价

城镇建设适宜性反映国土空间中从事城镇居民生产生活的适宜程度，根据土地的自然、社会、经济等条件和相关的约束条件，农用地或未利用地转为建设用地的可供性及其最有效利用方式。城镇建设适宜性评价需要在生态保护极重要区外，考虑环境安全、粮食安全、人口、经济、区位、基础设施等要求，识别城镇建设适宜区和不适宜区。

3.2 方法

3.2.1 地统计分析法

地统计分析法在许多领域都被广泛地应用，已成为经典统计学的一个重要分支，应用地统计分析法可以找到空间数据的分布规律，从而对空间数据进行预测和模拟。本章使用普通克里金法进行地统计分析。

3.2.2 多因素综合评价法

多因素综合评价法的核心和本质在于将多个因素有机统一于一个合理的评价模型，并采用定量的方法科学合理地对评价对象进行综合分析。基于空间叠置分析理念，通过运用布尔运算和统计分析，并借助 GIS 地理信息处理系统中空间数据采集、分析、模拟等功能，对农业生产适宜性、城镇建设适宜性进行综合评价。

4．操作步骤

4.1 农业生产适宜性评价操作方法

4.1.1 土地资源评价

步骤 1. 土地资源初评

（1）加载 DEM 数据。在目录视图中，添加文件夹连接，连接到目标数据文件夹，选中 DEM 数据。

（2）计算坡度。选择工具"坡度"，"输入栅格"选择"DEM"，"输出栅格"设置为"地形坡度.tif"，其他参数默认，点击"确定"，得到地形坡度数据。

（3）对地形坡度数据进行评价。选择工具"重分类"，"输入栅格"选择"地形坡度.tif"，"重分类字段"选择"Value"，分 5 类，0-2 赋值为 5、2-6 赋值为 4、6-15 赋值为 3、15-25 赋值为 2、>25 赋值为 1，"输出栅格"设置为"土地资源初评.tif"，点击"确定"，得到土地资源初评栅格数据。

（4）将土地资源初评栅格数据转为矢量。选择工具"栅格转面"，"输入栅格"选择"土地资源初评.tif"，"字段"选择"Value"，"输出面要素"设置为"土地资源初评"，取消勾选简化面，其他参数默认，得到土地资源初评结果。

步骤 2. 土地资源评价

（1）加载土壤质地数据。添加文件夹连接>土壤质地数据>土壤 silt。

（2）计算土壤质地数据。选择工具"栅格转面"，"输入栅格"选择"土壤 silt"，"字段"选择"Value"，"输出面要素"设置为"土壤质地数据"，取消勾选简化面，点击"确定"。

（3）计算土地资源评价。将土壤质地数据与土地资源初评数据进行相交，选择工具"工具相交"，"输入要素"选择"土壤质地数据"和"土地资源初评"，"输出要素类"设置为"土地资源评价"，其他参数默认，点击"确定"。

（4）计算土地资源评价值。打开"土地资源评价"属性表，添加短整型字段"土地资源评价值"，并计算字段。当土壤粉砂含量≥80%时，该字段值为土地资源评价值最低值 1；当 60%≤土壤粉砂含量<80%时，该字段值为土地资源初评值-1；当土壤粉砂含量<60%时，该字段值为土地资源初评值。

（5）将土地资源评价符号化显示。右击"土地资源评价"，选择"属性"，将字段"土地资源评价值"作为唯一值进行符号化显示。

4.1.2 水资源评价

选择工具"重分类"，"输入栅格"选择"降水量"，"重分类字段"选择"Value"，分 5 类，0-200 赋值为 1、200-400 赋值为 2、400-800 赋值为 3、800-1200 赋值为 4、1200-1500 赋值为 5，"输出栅格"设置为"水资源评价.tif"。

4.1.3 气候评价

步骤 1. 计算活动积温

打开"气象站点"属性表，添加短整型字段"活动积温日"和"活动积温"，然后计算字段。

步骤 2. 对活动积温进行插值

选择工具"克里金法"，"输入点要素"选择"气象站点"，"Z 值字段"选择"活动积温"，"输出表面栅格"设置为"多年平均活动积温插值.tif"，"输出像元大小"设置为"10"，并在"环境设置"中设置处理范围和掩膜。

步骤 3. 气候评价

选择工具"重分类"，"输入栅格"选择"多年平均活动积温插值"，"重分类字段"选择"Value"，分 5 类，0-1500 赋值为 1、1500-4000 赋值为 2、4000-5800 赋值为 3、5800-7600 赋值为 4、7600-10000 赋值为 5，"输出栅格"设置为"气候评价.tif"。

4.1.4 环境评价

步骤 1. 对各污染物进行克里金插值

选择工具"克里金插值"，"输入点要素"选择"土壤污染"，"Z 值字段"选择"镉/汞/铬/砷/铅"，"输出表面栅格"设置为"镉/汞/铬/砷/铅.tif"，"输出像元大小"设置为"10"，并在"环境设置"中设置处理范围和掩膜。

步骤 2. 将各污染物插值进行重分类

选择工具"重分类"，"输入栅格"选择"镉"，"重分类字段"选择"Value"，分 5 类，0-0.3 赋值为 5、0.3-0.4 赋值为 4、0.4-2 赋值为 3、2-100 赋值为 1，"输出栅格"设置为"镉含量插值重分类.tif"。其他插值同理。

步骤 3. 将各重分类结果栅格转面

选择工具"栅格转面"，"输入栅格"选择"镉/汞/铬/砷/铅含量插值重分类"，"输出面要素"设置为"镉/汞/铬/砷/铅含量插值重分类"，取消勾选简化面，"字段"选择"Value"，其他参数默认，点击"确定"。

步骤 4. 计算环境评价

选择工具"相交"，"输入栅格"选择"镉含量插值""汞含量插值""铬含量插值""砷含量插值""铅含量插值"，"输出要素类"设置为"环境评价"，其他参数默认，点击"确定"。

步骤 5. 计算环境评价值

打开"环境评价"属性表，添加短整形字段"环境评价值"，然后计算字段。

步骤 6. 符号化显示

打开"环境评价"属性表，以字段"环境评价值"进行唯一值显示。

4.1.5 集成评价

步骤 1. 初判农业生产条件等级

（1）数据转换。工具"栅格转面"中，"输入栅格"选择"水资源评价.tif"，"字段"选择"Value"，"输出面要素"设置为"水资源评价"，取消勾选简化面，点击"确定"。

（2）计算水土资源基础。工具"相交"中，"输入要素"选择"土地资源评价"和"水资源评价"，"输出要素类"设置为"水土资源基础"，其他参数默认，点击"确定"。

（3）计算水土资源评价值。打开"水土资源基础"属性表，添加短整型字段"水土资源基础评价值"，然后计算字段。

（4）符号化显示。右击"水土资源基础"，选择"属性"，以字段"水土资源基础评价值"进行唯一值显示。

步骤 2. 修正农业生产条件等级

（1）计算农业生产条件等级修正。工具"相交"中，"输入要素"选择"水土资源基础"和"环境评价"，"输出要素"选择"农业生产条件等级修正"，其他参数默认，点击"确定"。

（2）计算农业生产条件等级修正值。打开"农业生产条件等级修正"属性表，添加短整型字段"农业生产条件等级修正值"，然后计算字段。

（3）符号化显示。打开"农业生产条件等级修正"属性表，以字段"农业生产条件等级修正值"进行唯一值显示。

步骤 3. 划分农业生产适宜性分区

以滨海新区为例划分农业生产适宜性分区。

（1）裁剪至滨海新区。打开"天津市_行政边界"，选中滨海新区，然后导出要素。选择工具"裁剪"，"输入要素"设置为"农业生产条件等级修正"，"裁剪要素"选择"滨海新区"，"输出要素类"设置为"滨海新区农业生产条件等级修正"，其他参数默认，点击"确定"。

（2）筛选出各区。打开工具"筛选"，"输入要素"选择"滨海新区农业生产条件等级修正"，"输出要素"设置为"适宜区备选区"，"表达式"输入"等级修正值=5 or 等级修正值=4"，点击"确定"。其中，"适宜和一般适宜区备选区"表达式为"等级修正值=5 or 等级修正值=4 or 等级修正值=3 or 等级修正值=2"；"不适宜区备选区"表达式为"等级修正值=1"。

（3）聚合各区。选择工具"聚合面"，"输入要素"选择"适宜和一般适宜区"，"输出要素类"设置为"适宜和一般适宜区备选区聚合"，"聚合距离"设置为 20 米，勾选"保留正交形状"，其他参数默认，点击"确定"。适宜区备选区聚合同理。

（4）计算地块集中连片度。打开"适宜和一般适宜区备选区聚合"属性表，添加短整型字段"地块集中连片度"，然后计算字段。适宜区备选区聚合同理。

（5）计算适宜和一般适宜区备选区 2。选择工具"相交"，"输入要素"选择"适宜和一般适宜区备选区"和"适宜和一般适宜区备选区聚合"，"输出要素类"设置为"适宜和一般适宜区备选区 2"，其他参数默认，点击"确定"。适宜区备选区 2 同理。

（6）重新筛选各区。选择工具"筛选"，"输入要素"选择"适宜区备选区 2"，"输出要素类"设置为"适宜区"，表达式输入"地块集中连片度=3"。其他区同理。

（7）合并不适宜区。选择工具"合并"，"输入数据集"选择"不适宜区_来自降级"和"适宜区备选区"，"输出数据集"设置为"不适宜区"，其他参数默认，点击"确定"。

其他区同理。

（8）擦除适宜区和不适宜区。选择工具"擦除"，"输入要素"选择"农业生产条件等级修正"，"擦除要素"选择"适宜区和不适宜区"，"输出要素类"设置为"一般适宜区"，其他参数默认。

（9）计算适宜性分区值。打开"一般适宜区"属性表，添加短整型文本"适宜性分区"，然后计算字段。其他区同理。

（10）合并各区。选择工具"合并"，"输入数据集"选择"适宜区""一般适宜区""不适宜区"，"输出数据集"设置为"农业生产适宜区分区"，其他参数默认。

（11）符号化显示。打开"农业生产适宜区分区"属性表，以字段"适宜性分区"进行唯一值显示。

4.2 城镇建设适宜性评价操作步骤

4.2.1 土地资源评价

步骤 1. 提取地形坡度数据

导入 DEM 数据，裁剪出滨海新区高程数据，提取地形坡度数据。其中裁剪滨海行政区范围采用系统工具箱，点击 Spatial Analyst Tools>提取分析>按掩膜提取，设置"输入栅格"为"DEM"；"输入栅格数据或者要素掩膜数据"为"滨海行政区"；"输出栅格"为"滨海 DEM"，点击"确定"。提取坡度数据采用系统工具箱，点击 Spatial Analyst Tools>表面分析>坡度，弹出"坡度"对话框，设置"输入栅格"为"DEM"；"输出栅格"为"滨海坡度数据"；"输出测量单位（可选）"为"DEGREE"，其他为默认值。

步骤 2. 地形坡度评价

采用系统工具箱，点击 Spatial Analyst Tools>重分类，弹出"重分类"对话框。设置"输出栅格"为"滨海坡度数据"，"重分类字段"为"Value"；设置旧值为"0-3""3-8""8-15""15-25""25-39"，对应新值为"5""4""3""2""1"；"输出栅格"为"土地初评"；点击环境>栅格分析>掩膜，设置为"滨海坡度数据"，点击"确定"，返回"重分类"对话框，点击"确定"，输出结果。

步骤 3. 修正土地初评结果

采用系统工具箱，点击 Spatial Analyst Tools>地图代数>栅格计算器，输入公式：Con（"滨海 DEM">=5000, 1, Con（"滨海 DEM">=3500，"土地初评"-1，"土地初评"））；"输出栅格"为"土地资源初评高程修正"，点击"确定"。

步骤 4. 计算起伏度

采用系统工具箱，点击 Spatial Analyst Tools>邻域分析>焦点统计，设置"输入栅格"为"滨海 DEM"，"输出栅格"为"滨海地形起伏度"，"邻域分析（可选）"为"地形起伏度"，"半径"为"25"，"统计类型"为"RANGE"，点击"确定"。

步骤 5. 起伏度修正

采用系统工具箱，点击 Spatial Analyst Tools>地图代数>栅格计算器，输入公式：Con（"滨海地形起伏度">200，"土地初评修正"-2，Con（"滨海地形起伏度">100，"土地初评修正"-1，"土地初评修正"))；"输出栅格"为"土地资源评价"。

4.2.2　水资源评价

步骤 1. 复制要素

启动复制要素工具，设置参数，设置输入要素和输出要素，点击"确定"。

步骤 2. 计算水资源总量模数

添加双精度类型字段"水资源总量模数"，用"水资源总量*100/流域单元面积"得出水资源总量模数。

步骤 3. 计算水资源评价值

利用添加字段工具，设置字段为短整型字段，启动计算字段工具，将输入表设置为"水资源区划评价"，字段名为"水资源评价值"，点击表达式启动字段计算器工具，选择"Python"，勾选"显示代码块"，输入代码，在下方框中输入"！水资源总量模数!"。

步骤 4. 水资源评价可视化

使用裁剪工具，将"水资源区划评价"设置为输入要素，将"滨海新区"设置为裁剪要素，输出要素类文件"滨海新区水资源评价"。根据"水资源评价值"字段对水资源评价图层做类别符号化。

4.2.3　气候评价

步骤 1. 大气环境容量评价

（1）湿温指数计算

打开"气象站点"属性表，点击添加字段（名称：温湿指数-THI、类型：双精度），启动字段计算器，利用滨海新区的平均气温和相对湿度数据计算温湿指数，输入表达式：温湿指数=［平均气温］*9/5+32-0.55*（1-［相对湿度］)*（［平均气温］*9/5+32-58），点击"确定"。

采用克里金法，将"气象站点"文件设置为输入点要素，选择"Z 值字段"为 THI（温湿指数），设置输出表面栅格。在环境设置中，点击栅格分析>像元大小，设定为"最小输入数"，选择"滨海新区"作为"掩膜"，得到滨海新区湿温指数。

利用重分类工具，将"滨海新区湿温指数"作为输入栅格，设置"重分类字段"为"Value"，点击"确定"，得到滨海新区舒适度等级结果。

利用像元统计数据工具，"输入栅格数据"为"滨海新区舒适度等级"，"输出栅格"为"滨海新区舒适度评价"，得到滨海新区舒适度评价结果。

（2）大气环境容量评价

1）计算静风日数占比评价

打开"气象站点"属性表可以看到天津市各区的气象站点数据。其中"静风频率"指静风占总观测统计次数的百分比，即平均静风日数占比。

2）计算多年平均静风日数占比插值

打开 Spatial Analyst Tools>插值分析>克里金法，设置"输入点要素"为"气象站点"，"Z 值字段"为"静风频率"，"输出像元大小（可选）"为"10"，点击"环境..."按钮，展开"栅格分析"项，设置"掩膜"为"滨海新区"。

打开 Spatial Analyst Tools>重分类，设置"输入栅格"为"静风占比插值"（上一步的结果）>重分类。

3）计算平均风速评价

打开 Spatial Analyst Tools>插值分析>克里金法，设置"输入点要素"为"气象站点"，"Z 值字段"为"平均风速"，"输出像元大小（可选）"为"10"；点击"环境..."按钮，展开"栅格分析"项，设置"掩膜"为"滨海新区"。

打开 Spatial Analyst Tools>重分类，设置"输入栅格"为"平均风速插值"，按照表7-1 分类标准进行重新分类。

表 7-1   平均风速分类标准

评价因子	分类参考值	评价值
平均风速	5 m/s	5（高）
	3—5 m/s	4（较高）
	2—3 m/s	3（一般）
	1—2 m/s	2（较低）
	1 m/s	1（低）

4）大气环境容量评价

打开 Spatial Analyst Tools>局部分析>像元统计数据，设置"输入栅格"为"静风占比评价"和"平均风速评价"，"叠加统计"为"MINIMUM"，得到最终大气环境容量评价结果。

步骤 2. 水环境容量评价

（1）连接"水资源总量"和"水环境采样点"，打开 Analysis Tools>叠加分析>空间连接，设置"目标要素"为"水资源总量"，"连接要素"为"水环境采样点"，"连接操作"为"JOIN-ONE-TO-MANY"。

打开"水环境容量划分"属性表，添加新字段"COD 评价""NH3 评价"；启动计算字段工具，输入各字段的表达式及代码块，如图7-1 所示。

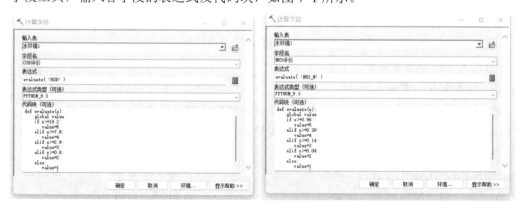

图 7-1   目标浓度计算字段设置代码块

（2）打开"水环境容量划分"属性表，添加新字段"容评值"（水环境容量评价值），右键单击选择"字段计算器"，"解析程序"选择"Python"，勾选"显示代码块"，在"预逻辑脚本代码"和"容评值"栏中输入如图 7-2 所示的代码。

图 7-2　水环境容量计算字段设置代码块

（3）打开工具"裁剪"，"裁剪要素"为"滨海新区"，裁剪完毕后右击该图层属性，进行类别符号化。

4.2.4　区位评价

步骤 1. 交通干线可达性

（1）裁剪出滨海新区行政区划图、高速公路、国道、省道、县道数据。以高速公路为例，采用系统工具箱，点击 Analyst Tools>提取分析>裁剪，出现"裁剪"对话框，设置"输入要素"为"天津高速公路"，"裁剪要素"为"滨海行政区"，点击"确定"，并用相同的方法裁剪国道、省道、县道数据。

（2）将国道、省道数据合并为二级公路。采用系统工具箱，点击 Data Management Tools>常规>合并，设置"输入数据集"为"天津国道-Clip""天津省道-Clip"，"输出数据集"为"二级公路"，其他为默认值，点击"确定"，输出结果。

（3）导出 CAD 要素。打开系统工具箱，点击 Conversion Tools>转为 CAD>导出为 CAD，设置"输入要素"为"一级公路""二级公路""三级公路"，"输出要素"为"交通网络"，并将交通网络中的"Polyline"输出为"道路中心线"。右键打开交通网络.dwg 数据，导出数据，设置"输出要素"为"道路中心线"，点击"确定"，输出结果。

（4）设置道路基本属性。右键打开"一级公路"属性表，点击"添加字段"，选择"双精度"字段：选中"speed（速度）"列，右键打开字段计算器，设置值为"80"，点击"确定"，完成一个字段设置。同理，添加字段 DLDJ（等级），设置为一级；添加字段 DriveTime（车行时间），计算为=lend\DriveTime。按照同样的方法对二级公路、三级公路完成字段设置。一级公路速度设置为 80、二级公路设置为 60、三级公路设置为 40，完成基础数据准备。

（5）构建交通网络。按照导出道路中心线方式导出道路中心线，并对道路中心线增密。采用系统工具箱，点击 Editing Tools>合并>增密，打开"增密"对话框，设置"输入要素"为"道路中心线增密"，"增密方法"为"DISTANCE"，"距离"为"500"，其他为默认值，点击"确定"，完成设置；对道路中心线增密进行要素折点转点，打开系统工具箱，点击 Data Management Tools>要素>要素折点转点，设置"输入要素"为"道路中心线"，"输出要素类"为"起始点"，点类型为"ALL"，点击"确定"，完成设置。

（6）交通干线可达性分析。打开系统工具箱，点击 Analyst Tools>邻域分析>多环缓冲区，设置"输入要素"为"一级公路"，"输出要素"为"一级公路可达性分析"，设置距离 500、1000、1500，默认其他设置，点击"确定"，输出结果。按照相同的方法对二级公路和三级公路进行多环缓冲区分析。

（7）交通干线可达性分析数据转换。打开系统工具箱，点击 Conversion Tools>转为栅格>要素转栅格，设置"输入要素"为"一级公路可达性分析"，"字段"为"distance"，"输出栅格"为"一级可达分析"，"输出像元大小"为"10"，点击环境>处理范围，选择"与图层二级公路相同"，点击"确定"，返回"要素转栅格"对话框，点击"确定"，输出结果。按照相同的方法，完成二级公路可达性分析、三级公路可达性分析要素转栅格设置。

（8）交通干线可达性重分类。打开系统工具箱，点击 Spatial Analyst Tools>重分类>重分类，设置"输入栅格"为"一级可达分析"，"重分类字段"为"Value"；设置旧值为"500""500-1000""1000-1500"，对应新值为"5""4""1"；点击环境>处理范围，选择"与图层一级公路相同"，点击"确定"，返回"重分类"对话框，点击"确定"，完成重分类。按照相同的方法对二级公路可达性分析、三级公路可达性分析进行重分类。

（9）统计交通评价最大值。打开系统工具箱，点击 Spatial Analyst Tools>局部分析>像元统计，设置"输入栅格数据或者常量值"：一级公路评价、二级公路评价、三级公路评价；"输出栅格"：交通干线评价；"叠加统计"：MAXIMUM；点击环境>处理范围，选择"与图层二级公路相同"，点击"确定"，返回"像元统计数据"对话框，点击"确定"，完成交通干线评价。

步骤 2. 中心城区可达性

（1）将一级公路、二级公路、三级公路合为网络数据集，导入天津市中心城区，并提取滨海新区中心城区。

（2）加载起始点与目的地点，设置位置分配。打开 Network Analyst>新建 OD 成本矩阵，并添加 Network Analyst 面板。在 Network Analyst 面板中，右键点击起始点，选择加载位置，设置"加载自：起始点"，默认其他设置值，点击"确定"，完成起始点加载。在 Network Analyst 面板中，右键点击目的地点，选择加载位置，设置"加载自：滨海中心城区"，默认其他设置值，点击"确定"，完成目的地点加载。点击 Network Analyst 面板属性>分析设置>阻抗，选择 Minutes，点击"确定"，完成位置分配。

（3）位置分配求解，并将 Total-Minutes 字段属性添加到起始点表上。点击 Network

Analyst 面板上的"求解"工具，完成位置分配求解，右键点击"线"的属性表，即 O-D 成本表。右键点击内容列表，打开属性表>连接与关联>连接，选择该图层中连接将基于的字段：ObjectID；选择要连接到此图层的表，选择此表中要作为连接基础的字段：ObjectID，点击"确定"。

（4）中心城区可达性评价。打开系统工具箱>Spatial Analyst Tools>插值分析>反距离权重法，设置"输入点要素"：OD 成本矩阵\起始点；"Z 值字段"：ODLines.Total-Minutes；"输出栅格"：中心城区初评；"输出像元大小"：10，点击"确定"，完成初评。打开系统工具箱，点击 Spatial Analyst Tools>重分类，设置"输入栅格"为"中心城区初评"；设置"重分类字段"为"Value"，设置新值为"5""4""3""2""1"；"输出栅格"为"中心城区评价"。点击环境>栅格分析>掩膜，选择"中心城区初评"，点击"确定"返回对话框，点击"确定"。

步骤 3. 区位评价

（1）区位条件计算。打开系统工具箱，点击 Spatial Analyst Tools>叠加分析>加权总和，设置"输入栅格"为"中心城区评价、交通干线评价"，"权重"为"0.5"，"输出栅格"为"区位条件初评"，点击"确定"，完成加权求和计算。

（2）区位条件初评重分类。打开系统工具箱，点击 Spatial Analyst Tools>重分类，设置"输入栅格"为"区位条件初评"；设置"重分类字段"为"Value"；设置旧值为"0-1.4""1.5-2.4""2.5-3.4""3.5-4.4""4.5-5"，对应新值"5""4""3""2""1"；设置"输出栅格"为"区位条件评价"，点击"确定"。

步骤 4. 交通网络密度评价

（1）复制道路中心线，添加字段。启动复制要素工具，设置"输入要素"为"道路中心线"；"输出要素类"为"交通网络密度评价"，点击"确定"。右键打开属性表，添加字段"权重"，设置一级公路权重为 1，二级公路为 0.5，三级公路为 0.3。

（2）交通网络密度评价。打开系统工具箱，点击 Spatial Analyst Tools>密度分析>线密度分析，设置"输入折线要素"为"交通网络密度评价"，"字段"为"Population"，一级公路权重为 1，二级公路为 0.5，三级公路为 0.3；"输出栅格"为"交网密度评价"，"像元大小"为"10"，"面积单位"为"SQUARE-KILOMETERS"。点击环境...>处理范围，选择"与图层区位条件评价相同"，点击"确定"返回对话框，点击"确定"，完成线密度分析。对线密度结果重分类，打开系统工具箱，点击 Spatial Analyst Tools>重分类>重分类，设置"输入栅格"为"交网密度评价"，"重分类字段"为"Value"，其中新值为"1""2""3""4""5"；设置"输出栅格"为"交网密度评价结果"，点击"确定"。

步骤 5. 区位优势度评价

（1）区位优势度计算。打开系统工具箱，点击 Spatial Analyst Tools>地图代数>栅格计算器，输入公式："区位条件评价"*10+"交网密度评价结果"；设置"输出栅格"为"区位优势度初评"，点击"确定"，输出结果。

（2）重分类。打开系统工具箱，点击 Spatial Analyst Tools>重分类>重分类，设置"输入栅格"为"区位优势度初评"；"重分类字段"为"Value"，其中设置旧值 11-15、21-

22 对应新值 1，旧值 23-24、31 对应新值 2，旧值 15、32-33、41、51 对应新值 3，旧值 34-35、42-43、52 对应新值 4，旧值 44-45、53-55 对应新值 5；"输出栅格"为"区位优势度评价"。点击环境>栅格分析>掩膜，选择"滨海行政区"，点击"确定"返回对话框，点击"确定"，完成重分类。

4.2.5 集成评价

步骤 1. 初判城镇建设等级

（1）打开面转栅格工具，将"（滨海新区）水资源区划评价"作为"输入要素"，值字段为"水资源评价值"，"输出栅格数据集"为"（滨海新区）水资源评价.tif"，设置"像元大小"为"10"。

（2）启动栅格计算器，输入地图代数表达式："水资源评价.tif"+"土地资源评价.tif"*10，设置"输出栅格"为"水土资源基础"。

（3）采用重分类工具，"输入栅格"为"水土资源基础.tif"，设置"重分类字段"为"Value"，"输出栅格"为"城镇建设条件等级初判.tif"。

步骤 2. 修正城镇建设条件等级

（1）对城镇建设条件等级初评进行舒适度修正。打开系统工具箱，点击 Spatial Analyst Tools>地图代数>栅格计算器，输入公式：Con（"舒适度评价.tif"==1，"城镇建设条件等级初判.tif"-1，"城镇建设条件等级初判.tif"）；"输出栅格"为"城镇建设条件等级修正 1.tif"；点击"确定"，输出结果。

（2）大气容量修正。打开系统工具箱，点击 Spatial Analyst Tools>地图代数>栅格计算器，输入公式：Con（"大气容量环境评价.tif"==1，"城镇建设条件等级修正 1.tif"-1，"城镇建设条件等级修正 1.tif"）；"输出栅格"为"城镇建设条件等级修正 2"，点击"确定"，输出结果。

（3）水环境容量修正。打开系统工具箱，点击 Spatial Analyst Tools>地图代数>栅格计算器，输入公式：Con（"水环境容量评价.tif"==1，"城镇建设条件等级修正 2.tif"-1，"城镇建设条件等级修正 2.tif"）；"输出栅格"为"城镇建设条件等级修正 3"，点击"确定"，输出结果。

（4）修正 0 值和负值。打开系统工具箱，点击 Spatial Analyst Tools>地图代数>栅格计算器，输入公式：Con（"城镇建设条件等级修正 3.tif"<1，1，"城镇建设条件等级修正 3.tif"）；"输出栅格"为"城镇建设条件等级修正 4"，点击"确定"，输出结果。

（5）区位评价修正。打开系统工具箱，点击 Spatial Analyst Tools>地图代数>栅格计算器，输入公式：Con（"区位优势度评价.tif"==1，"城镇建设条件等级修正 4.tif"-2，Con（"区位优势度评价.tif"==2，"城镇建设条件等级修正 4.tif"-1，Con（（"区位优势度评价.tif"==5，)＆"城镇建设条件等级修正 4.tif">1)，"城镇建设条件等级修正 4.tif"+1，"城镇建设条件等级修正 5.tif"）））；"输出栅格"为"城镇建设条件等级修正 5"，点击"确定"，输出结果。

（6）对城镇建设条件等级修正 5 中大于 5 和小于 1 的值进行修正。打开系统工具箱，点击 Spatial Analyst Tools>地图代数>栅格计算器，输入公式：Con（"城镇建设条件等级修正 5.tif">5，5，Con（"城镇建设条件等级修正 5.tif"<1，1，"城镇建设条件等级修正 5.tif"））；"输出栅格"为"城镇建设条件等级修正 6"，点击"确定"，输出结果。

（7）数据转换。打开系统工具箱，点击 Conversion Tools>由栅格转出>栅格转面，设置"输入栅格"为"城镇建设条件等级修正 6"；"字段（可选）"为"Value"；"输出面要素"为"城镇建设条件等级修正 6"；勾选"取消简化面（可选）"和"创建多部件要素（可选）"，其他默认，点击"确定"，输出结果，完成城镇建设条件等级修正。

步骤 3. 划分城镇建设适宜性分区

（1）划分适宜性分区备选区。启动"添加字段"工具，输入"城镇建设条件等级修正 7"要素，添加短整型字段"适宜性等级"；启动计算字段工具，设置各项参数，并运行工具；提取三类适宜性分区备选区，打开系统工具箱，点击 Analysis Tools>提取分析>筛选，选择"批处理"，设置各项参数。

（2）聚合备选区。打开系统工具箱，点击 Cartography Tools>制图综合>聚合面，选择"批处理"，设置各项参数并运行；将聚合后的结果导入内容列表面板。

（3）计算地块集中连片度。添加字段"地块集中连片度"并计算字段，打开"计算字段"批处理界面，设置各项参数，如图 7-3 所示。

图 7-3　地块集中连片度参数设置

（4）将地块集中连片度回连到备选区。打开"相交"工具批处理界面，设置各项参数，如图 7-4 所示。

（5）划分出适宜区。打开"筛选"工具，设置各项参数；添加并计算所属适宜性分区。打开"适宜性"属性表，添加文本型字段"适宜性分区"，右键点击"适宜性分区"并启动字段计算器工具，将其赋值为"适宜区"。

（6）划分出不适宜区。提取适宜和一般适宜区备选区地块集中度为低的地块，打开"筛选"工具，设置各项参数。划分不适宜区，打开系统工具箱，点击 Data Tools>常规>

合并，设置各项参数，添加并计算所属适宜性分区，打开"不适宜区"属性表，添加文本型字段"适宜性分区"，右键点击"适宜性分区"并启动字段计算器工具，将其赋值为"不适宜区"。

图 7-4 "相交"对话框参数设置

（7）划分出一般适宜区。合并适宜区和不适宜区，打开地理处理界面的"合并"工具，设置各项参数。划分一般适宜区，打开系统工具箱，点击 Analysis Tools>叠加分析>擦除，设置各项参数，添加并计算所属适宜性分区，打开"一般适宜区"属性表，添加文本型字段"适宜性分区"，右键点击"适宜性分区"并启动字段计算器工具，将其赋值为"一般适宜区"。

（8）合并城镇建设适宜性分区。打开地理处理界面的"合并"工具，设置各项参数；计算完成后对"适宜性分区"字段进行符号化。

第八章　建设项目节地评价实习方案

1. 目的、关键技能与准备

1.1 实习目的

本实习是基于土地管理相关理论、方法，依据《自然资源部办公厅关于规范开展建设项目节地评价工作的通知》（自然资办发〔2021〕14 号），针对因安全生产、地形地貌、工艺技术等有特殊要求，确需突破土地使用标准确定的规模和功能分区的建设项目，以及国家和地方尚未颁布土地使用标准和建设标准的建设项目，组织开展的建设项目节地评价，挖掘项目用地潜力，提高土地配置和利用效率，是建设用地供应的重要依据。本实习要求学生通过给定××小学的基础资料，掌握新建小学建设项目用地节地评价的总体步骤以及关键技术方法，引导学生关注社会问题，培养学生解决土地管理实践问题的能力。

1.2 关键技能

本实习涉及的基础技能：（1）土地调查；（2）数理统计；（3）地图制图。
本实习学习的关键技能：（1）节约集约数据的结构分析；（2）节地评价方法。

1.3 资料准备

（1）软件准备：AutoCAD 201X；
（2）图件资料：××小学总平面布置图、××小学功能分区图、××小学工艺流程图等相关项目图件；
（3）文字资料：××小学拟用地总规模及各功能分区用地规模、小学建设所涉及相关用地标准、建设标准等。

2. 实习任务

（1）建设项目概况分析；
（2）建设项目定性评价；
（3）建设项目定量评价。

3. 实习相关基本原理和方法

3.1 基本原理

3.1.1 相关概念

（1）建设用地节约集约利用

按照《建设用地节约集约利用评价规程》（TD/T 1018-2008），建设用地节约集约利用是指通过降低建设用地消耗、增加对土地的投入，不断提高土地利用效率和经济效益的一种开发经营模式。根据 2014 年《节约集约利用土地规定》（国土资源部第 61 号令），节约集约利用土地是指通过规模引导、布局优化、标准控制、市场配置、盘活利用等手段，达到节约土地、减量用地、提升用地强度、促进低效废弃地再利用、优化土地利用结构和布局、提高土地利用效率的各项行为与活动。

（2）建设用地节约集约利用评价

建设项目节约集约用地评价简称"节地评价"，其内涵是指依据有关法规、政策、规划、标准，对建设项目进行客观评价，针对其土地资源节约集约利用现实状况和目标实现程度，找出存在不足，明确改进方向，并提出促进节约集约用地对策措施。

3.1.2 评价原则

（1）综合性原则

评价工作应从建设项目土地利用结构、土地利用强度等方面，综合评价土地利用状况。

（2）差异性原则

评价工作应针对建设项目的类型、特点以及所处区域经济社会发展差异，科学合理选择有针对性的评价指标、评价方法进行评价。

（3）定性分析原则

在评价过程中尽量把定性、经验性的分析进行量化，并参照相关标准。在对项目建设依据与必要性等进行分析时以定性分析为主。

3.2 方法

采用定性分析与定量评价相结合的评价方法，对建设项目进行科学全面的节地评价。建设项目节地评价概念的界定、项目选址规划、功能布局、建设工艺技术等都属于定性分析；而对于建设项目的集约度判定及潜力测算等都属于定量评价。定性分析与定量评价相结合能对建设项目是否节地做出准确的评价。

（1）定性分析

定性分析的目的在于通过归纳和演绎、分析和综合等方法，对研究对象进行定性的分析，从而揭示研究对象的本质及内在联系。根据项目实际情况，利用具体数据，依据相关法律法规与标准等，同时采用多方案比选法，充分分析项目的必要性、布局合理性等，对项目进行全面的定性分析。

（2）定量评价

定量评价的目的在于对评价对象的特征、关系以及变化进行分析，从而定量化地揭示评价内容之间的相互关系和未来的发展方向等。通过对项目的具体数据核算，分别运用多因素综合评价法、特尔斐法、功能分析法、目标逼近法、层次分析法以及类比法等手段，对项目节地情况进行定量评价。

4. 操作步骤

4.1 建设项目节地评价前期准备工作

前期准备工作主要包括确定评价对象、评价目的、评价任务及工作内容、评价依据、评价技术路线、工作安排、相关资料收集及预期成果等。其中重点说明资料收集。

资料收集包括文字资料和图件资料。其中文字资料主要收集建设项目所属行业发展现状和发展规划资料，建设项目拟用地总规模及各功能分区用地规模，建设项目建设所涉及相关用地标准、建设标准等，相关政策文件资料等；图件资料主要收集建设项目总平面布置图、建设项目功能分区图、建设项目工艺流程图、相关项目图件。

4.2 建设项目概况

主要通过对建设项目的调查，从项目建设背景、建设条件、建设方案等方面对建设项目概况进行详细阐述。

（1）建设情况调查

对建设项目基本情况进行调查，明确项目建设背景、建设方案、建设条件、用地情况等基本信息。主要调查内容包括：1）建设项目所属行业、项目类型、建设背景、建设方案（项目建设内容、项目总投资、生产或建设规模、选址方案、工艺流程、总图布置、建筑工程及配套工程等）、功能区构成等基本情况；2）建设项目土地利用状况调查，包括建设项目范围、规模、四至、地形、地貌、地势、土地利用现状、土地利用规划用途等；3）建设项目所在区域状况调查，包括自然条件（地理位置、地质地貌、水文气候、土地资源状况等）、社会经济发展状况（社会经济发展水平、综合实力、产业结构等）、基础设施状况（供水、供电、排水、通信、供气等）、建设项目所属行业发展状况、各类发展规划和相关产业政策、土地利用总体规划及城市规划等状况；4）其他调查，包括建设项目所涉及的土地利用标准、建设标准、行业设计标准及其他相关政策。

（2）项目建设背景

对建设项目立项背景、建设的重要性等进行说明。

（3）建设条件

从项目区建设气候、地质及水文条件、交通、项目区现状和周边环境等方面进行建设条件说明。

（4）项目建设方案

根据项目调查情况，从工程选址、建设规模、建设用地情况和规划布局与功能分区等方面进行说明。

明确项目选址是否符合相关规范要求，周边道路是否通畅，随路是否敷设有给排水、供热、供电、燃气等管线，是否满足项目建设期及运营期的相关使用需求，并提供相应项目区位置示意图，如图 8-1 所示。

图 8-1 项目区位置示意图

明确建设项目四至范围，判断用地范围内地势和地质情况是否适宜进行项目的建设和构筑，是否适宜工程车辆的通行；交通是否方便、是否有充足水源；周围有无粉尘、烟雾、灰沙、有害气体、放射性物质及其他扩散性污染源。

明确各建设项目总占地面积、总建筑面积、地上建筑面积、地下建筑面积、容积率、建筑密度、绿地率等基本指标，判断项目拟占用地现状用地，明确具体的规划布局和功能分区（如表 8-1 所示）、土地利用现状地类表（如表 8-2 所示）、项目平面布局图、项目功能分区图（如图 8-2 所示）。

表 8-1　主要建设规模统计表

序号	规划指标	单位	指标
1	规划总用地		m²
2	规划可用地		m²
3	容积率		—
4	总建筑面积		m²
5	地上建筑面积		m²
6	绿地率		%
7	班级数		班
8	人数		人
9	生均用地面积		m²/生
10	生均建筑面积		m²/生
11	建筑密度		%
12	总机动车车位		辆
13	总非机动车车位		辆

注：本表格以××小学项目为例，其他建设项目规划指标需根据项目性质和建设内容调整。

表 8-2　土地利用现状地类表

单位：m²

序号	权属性质	用地类型	合计
		城镇用地	
	合计		

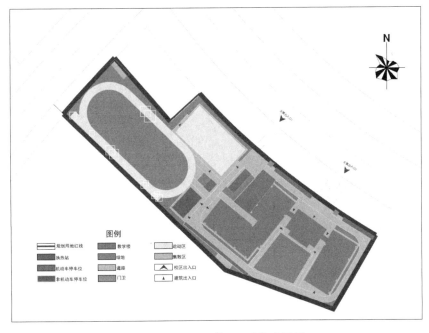

图 8-2　××小学项目功能分区图

4.3 建设项目定性评价

定性评价是从项目建设的必要性、选址方案、功能布局、与现有标准的符合性等方面，分析本项目用地总规模和各功能分区用地规模的合理性。以新建××小学项目为例，主要包括如下内容：

（1）建设项目必要性分析

主要包括产业政策符合性分析和供地政策符合性分析。考虑是否符合产业政策，根据基础调查资料建设项目的设置是否在《产业结构调整指导目录（2015 年本）》中，是否属于鼓励类项目，是否符合国家相关产业发展政策；项目建设是否符合国务院行业政策和自然资源部土地政策的要求，是否不在《限制用地项目目录》和《禁止用地项目目录》范围内，确认是否为《划拨用地目录》范围内的非营利性教育设施用地，是否符合供地政策以及国家供地相关法律法规政策。

（2）规划符合性分析

主要包括行业发展规划符合性分析、土地利用规划符合性分析、城市规划符合性分析、避让生态保护红线及永久性保护生态区域情况分析等。考虑是否符合相关规划，重点判断项目区是否占用基本农田，是否符合土地利用总体规划（如图 8-3 所示），是否需要调整，是否符合控制性详细规划（如图 8-4 所示），是否涉及占用生态红线与永久性保护生态区域以及自然保护区情况，并提供相应的规划截图。

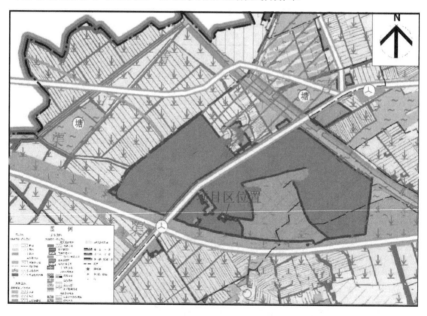

图 8-3　××小学项目符合土地利用总体规划的截图

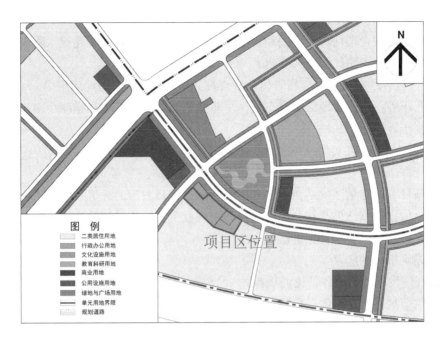

图 8-4　××小学项目土地细分导则局部图

（3）项目合理性分析

从选址方案合理性、用地规模合理性、建设规模合理性、用地规模节地程度分析等方面进行说明。

1）选址方案合理性分析：在符合有关城市规划和土地利用总体规划、满足建设项目生产或使用功能条件下，建设项目选址应优先使用荒地、劣地，改扩建项目应充分利用原有场地，尽量少占或不占耕地。

2）用地规模合理性分析：对于学校用地，主要进行班级规模合理性分析、教学活动区控制指标合理性分析和集散区控制指标符合性分析。

3）建设规模合理性分析：建设项目应根据行业发展需要，综合考虑资源、市场等技术经济条件，确定合理建设规模。

4）用地规模节地程度分析：根据项目平面布局，对各功能分区进行节地程度分析，在本项目中可以考虑先进行教学活动区总体节地程度分析，再分别进行各相关组成部分（运动区、绿地、停车位、换热站）节地程度分析，最后进行集散区节地程度分析。

5）项目布局和功能分区的合理性分析

①平面布置合理性分析：建筑布局、道路布局、管线布局、绿化布局和消防布局是否合理。

②功能分区合理性分析：分析项目采用的工艺、技术及设备的先进性，在技术经济合理的前提下，根据工艺流程、技术和设备，分析建设项目功能分区构成的必要性与合理性。

③道路设计合理性分析：根据项目区道路设计图，分析各级道路是否符合道路设计

和消防车辆安全、快捷通行的要求。

④建筑物退线合理性分析：判断建筑物退线设计是否符合相关建筑工程规划管理技术规范要求和退让道路红线距离要求。

6）是否包含远期预留地与临时用地合理性分析：近期建设用地应集中，远期建设用地应预留在场外；临时用地应集中布置，尽量少占或不占耕地，尽量减少对土地的破坏并易于恢复土地原状。

4.4 建设项目定量评价

建设项目节地定量评价是在定性分析的基础上选择对应的评价目标和指标，进行指标标准化，依据计算结果，划分土地节约利用程度类型。定量评价方法包括但不限于比较法、优化法、多因素综合评价法等。

（1）评价指标的选取

依据《建设项目节地评价论证规范》（征求意见稿）中对于评价指标确定的原则，构建××小学节地评价指标体系框架，如表 8-3 所示。

表 8-3　××小学节地评价指标体系

目标	指标
土地利用规模	单位用地面积
土地利用结构	项目用地占用耕地比例
	行政办公及生活服务设施用地所占比重
	绿地率
土地利用强度	容积率
	建筑系数
土地利用效益	投资强度
	产出强度
	单位建设项目用地 GDP
	失地农民人均收入变化指数
	耕地细碎化度
	生态破坏指数

结合评价项目的特点和实际情况，该项目不占用永久基本农田和耕地，属于教育设施项目，不涉及土地利用效益部分，但考虑到本项目出于幼儿入学安全问题考量而增设了集散功能，指标选取中增加集散区占比体现对节地情况的影响，因此具体指标选取情况如表 8-4 所示。

表 8-4　××小学节地评价指标选取情况

目标	指标	是否选取	选择原因及说明
土地利用规模（A1）	单位用地面积（B1）	是	土地利用总面积：该项目占用的土地总面积
土地利用结构（A2）	集散区占比（B2）	是	保证安全集散的功能性用地
	绿地率（B3）	是	纳入计算的绿地并非仅仅是景观绿地，还包括按建设要求进行隔离保障的功能性生态绿地
土地利用强度（A3）	容积率（B4）	是	按规程选取
	建筑系数（B5）	是	按规程选取

（2）确定评价指标权重

采用特尔菲测定法与层次分析法相结合确定评价指标权重，最终得出××小学节地评价各项指标的权重值，如表 8-5 所示。

表 8-5　××小学节地评价指标权重表

目标	目标权重	指标	指标权重
土地利用规模	0.2	土地利用总面积	1.0
土地利用结构	0.3	集散区占比	0.3
		绿地率	0.7
土地利用强度	0.5	容积率	0.6
		建筑系数	0.4

（3）标准值确定

1）标准值确定原则

①标准值应在符合有关法律法规、国家和地方制定的技术标准、相关规划等要求的前提下，结合具体的建设项目确定。

②当有多个标准值可选时，其某项指标标准值应"优中优选"，并保证在数据口径等方面一致。

2）标准值确定方法

由于建设项目节约集约用地状况受自然地理条件、经济技术发展水平、土地管理制度等多因素的影响，不同建设项目间存在各式各样的差异，各地区土地利用特征存在差异，其未来发展趋势不尽相同，对社会、经济、生态环境效益的要求程度不同，因此针对不同区域，评价指标标准合理值应该有所不同。

该项目属于新建完全小学项目。由于该项目建设规模没有相关的土地使用标准，且与其他的建设项目在选址要求、功能区布局和建设工艺与技术上有较为明显的差别，因此在选取指标标准值的过程中，主要采用相关案例的典型调查法，结合专家咨询法，确定相关指标的标准值。

3）类比案例

通过选择不少于 3 个与评价项目建设内容相同，生产或建设规模相当，生产工艺或技术标准、建设条件相近的类比项目，将该建设项目与类比项目进行比较分析来评价项目节地情况。

评价对象位于城市边缘的科技城区内，基于合理可比的原则，对比案例要与评价对象功能相似、建设时间相近。通过查找与筛选，选择 3 个新建小学项目作为类比项目，并对 3 个项目进行相关技术指标调查，具体指标如表 8-6 所示。

4）标准值的确定

根据标准值的确定原则与方法，结合该建设项目的实际情况，确定各个所选指标的标准值，如表 8-6 所示。

表 8-6　××小学节地评价各指标标准值以及其确定原则与方法

指标	确定方法	指标值计算				指标选取说明	
		项目值	案例 1	案例 2	案例 3	标准值（保留两位小数）	确定原则与方法
土地总面积（m²）	典型调查法	13575.05	20370.80	32543.10	23588.00	13575.05	负相关指标，选择类比项目的最小值作为标准值
集散区占比（%）	典型调查法	1.50	0.98	0.61	0.85	0.61	负相关指标，选择类比项目的最小值作为标准值
绿地率（%）	典型调查法	35.00	35.00	35.00	30.00	30.00	负相关指标，选择类比项目的最小值作为标准值
容积率	典型调查法	0.80	0.88	0.70	0.66	0.88	正相关指标，选择类比项目的最大值作为标准值
建筑系数（%）	典型调查法	35.00	22.32	22.15	30.00	35.00	正相关指标，选择类比项目的最大值作为标准值

（4）评价指标标准化

1）指标标准化处理方法

评价指标标准化应采用标准值比例推算法，以指标实现度分值进行度量。正向指标

实现度初始值 S_{ij} 按下面的公式计算：

$$S_{ij} = X_{ij} / T_{ij}$$ （8-1）

式中：S_{ij}——i 目标 j 指标的实现度初始值；

X_{ij}——i 目标 j 指标的实际值；

T_{ij}——i 目标 j 指标的标准值。

2）指标现实度分值确定原则

根据有关指标或对应指标值的特殊差异，需要对指标现实度初始值按照以下原则处理，确定各指标实现度分值 S_{ij}，具体为：

①当 T_{ij} 的值唯一且不等于 0 时，若指标属于正向相关指标，则 $S_{ij}=S_{ij}×100$；若指标属于负向相关指标，则 $S_{ij}=1/S_{ij}×100$。

②实现度分值 S_{ij} 应在 0—100。当 S_{ij} 大于 100 时记为 100。

3）指标实现度分值计算

①土地总面积实现度分值

土地总面积实现度分值=［1÷（评价对象土地利用面积现状值÷类比项目土地利用面积标准值）］×100

②集散区占比实现度分值

集散区占比实现度分值=［1÷（评价对象集散区面积现状值÷类比项目集散区面积标准值）］×100

③绿地率实现度分值

绿地率实现度分值=［1÷（评价对象绿地率现状值÷类比项目绿地率标准值）］×100

④容积率实现度分值

容积率实现度分值=（评价对象容积率现状值÷类比项目容积率标准值）×100

⑤建筑系数实现度分值

建筑系数实现度分值=（评价对象建筑系数现状值÷类比项目建筑系数标准值）×100

（5）节地程度得分

1）目标分值计算

节地程度各目标分值按下面的公式计算：

$$F_i = \sum_{j=1}^{n} \left(S_{ij} \times W_{ij} \right)$$ （8-2）

式中：F_i——i 目标的节地程度分值；

S_{ij}——i 目标 j 指标的实现度分值；

W_{ij}——i 目标 j 指标相对 i 目标的权重值；

n——指标个数。

2）节地程度分值计算

节地程度分值按下面的公式计算：

$$F = \sum_{i=1}^{n}(F_i \times W_i) \times 100 \qquad (8-3)$$

式中：F——节地程度分值；

　　　F_i——i 目标的节地程度分值；

　　　W_i——i 目标相对总目标的权重值；

　　　n——指标个数。

3）节地程度得分

通过以上指标标准化计算，得出各项指标标准化得分，并依据每项指标的权重，计算各类项目得分和综合得分。具体情况如表 8-7 所示。

表 8-7　××小学节地评价各类指标、项目得分以及综合得分

综合得分	项目	项目得分	指标	指标得分
89.01	土地利用规模	100	土地利用总面积	100
	土地利用结构	72.45	集散区占比	41.50
			绿地率	85.71
	土地利用强度	94.55	容积率	90.91
			建筑系数	100

依据得分，绘制得分折线图，如图 8-5 所示，项目综合得分为 89.01。

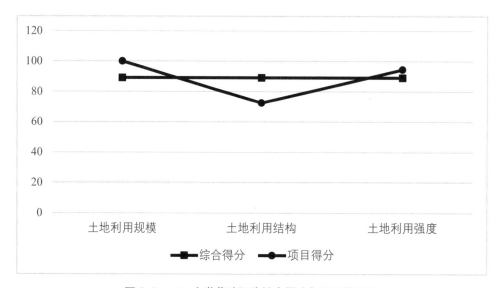

图 8-5　××小学节地评价综合得分与项目得分图

（6）节地程度分析

1）节地程度划分标准

按照《国土资源部办公厅关于〈建设项目节地评价论证规范〉（征求意见稿）意见的

函》（国土资厅函〔2014〕133 号）的要求，建设项目用地节约集约利用程度评价结果分为四个类别：高度节地、中等节地、勉强节地、不节地。高度节地类型的节地程度分值不宜小于 90，中等节地类型在 75—90，勉强节地类型在 50—75，不节地类型小于 50。

　　2）项目节地程度划分

　　依据节地程度得分与划分标准，对该建设项目进行节地程度划分。具体情况如表 8-8 所示。

表 8-8　××小学节地程度划分表

节地程度	综合得分	项目	项目得分	指标	指标得分
中等	89.01	土地利用规模	100	土地利用总面积	100
		土地利用结构	72.45	集散区占比	41.50
				绿地率	85.71
		土地利用强度	94.55	容积率	90.91
				建筑系数	100

　　根据划分标准，××小学综合得分为 89.01 分，处于中等节地水平。

　　对比其他区域的新建小学项目，该项目用地符合节约集约用地的标准。

4.5 存在的主要问题和节地建议

　　对建设项目用地中存在的主要问题进行分析，说明建设项目规模确定的科学性和可行性。根据节约集约用地原则，确定建设项目总用地和各功能分区用地规模是否符合节约集约用地的要求。总体来说，可以从国家层面、行业支持、企业管理和项目技术及管理措施等方面提高节地效率。

第九章　城镇土地基准地价评估实习方案

1. 目的、关键技能与准备

1.1 实习目的

本实习基于 ArcGIS 软件，利用市场交易样点数据，采用克里金插值方法生成数字地价模型，对不同用地类型基准地价进行评估，该方法有效地简化了评估程序，提高了基准地价评估工作的科学性、客观性和高效性。本实习方案主要实现对城镇土地的基准地价评估，通过实习让学生掌握基于 ArcGIS 地统计分析和克里金插值方法的城镇土地基准地价评估，引导学生关注社会问题，培养学生解决土地管理实践问题的能力。

1.2 关键技能

本实习涉及的基础技能：（1）样点地价数据调查、搜集与整理；（2）ArcGIS 空间统计分析。

本实习学习的关键技能：（1）建立 ArcGIS 数据库；（2）ArcGIS 地统计分析；（3）克里金插值方法。

1.3 资料准备

（1）软件准备：ArcGIS 10.X；

（2）政策法规准备：《中华人民共和国民法典》《中华人民共和国土地管理法》《中华人民共和国城乡规划法》《中华人民共和国资产评估法》，《国土资源部办公厅关于加强公示地价体系建设和管理有关问题的通知》（国土资厅发〔2017〕27 号）、《自然资源部办公厅关于部署开展 2018 年城乡地价调查与监测工作的通知》（自然资办发〔2018〕10 号）、《自然资源部办公厅关于部署开展 2020 年度自然资源评价评估工作的通知》（自然资办发〔2020〕23 号），其他相关法律法规及规范性文件；

（3）技术规程准备：《城镇土地估价规程》（GB/T 18508-2014）、《城镇土地分等定级规程》（GB/T 18507-2014）、《土地利用现状分类》（GB/T 21010-2017）；

（4）地价样点资料准备：市场交易资料等。

2. 实习任务

（1）查阅基准地价评估相关的政策法规和技术规程；
（2）城镇土地的用途分类；
（3）基于 GIS 的城镇土地基准地价评估。

3. 实习相关基本原理和方法

3.1 基本原理

3.1.1 基准地价的内涵

《城镇土地估价规程》中界定基准地价（Basic Price of Land）是指在土地利用总体规划确定的城镇可建设用地范围内，对平均开发利用条件下，不同级别或不同均质地域的建设用地，按照住宅、商服、工业等用途分别评估，并由政府确定的，某一估价期日法定最高使用年期土地权利的区域平均价格。基准地价内涵应根据区域内现状总体情况，并考虑政府管理需求确定。本实习中基准地价内涵主要包括：基准地价对应的土地权利类型、使用年期、用途、期日、开发利用程度及容积率等开发建设条件。

3.1.2 地价评估的原则

（1）替代原则：又称为相似性原则，即土地估价应以相邻地区或类似地区功能相同或相近、条件相似的土地市场交易价格为依据，估价结果不得明显偏离具有替代性质的土地客观价格。

（2）预期收益原则：土地估价应以待估宗地在正常利用条件下的未来客观有效的预期收益为依据，要全面了解待估宗地过去所产生的收益状况，并充分预测其未来的市场状况、政治经济形势和发展趋势。

（3）报酬递减递增原则：指在一定的时期内技术和其他生产要素不变的前提下，对相同面积的土地不断地追加投入，纯收益随之增加；但达到某一数值以后，如继续追加投资，其纯收益不再会与追加的投资成比例增加。

（4）估价时点原则：土地的估价结果是估价对象在估价时点的客观合理价值或价格，土地的估价结果应具有时效性和时间相关性，要充分考虑估价近期城市规划、基础设施等区域因素和一般因素的影响。

（5）其他原则：土地估价原则还包括贡献原则、合理有效利用原则、动态性原则、供需平衡原则等。

3.1.3 城镇土地用途分类

在土地估价中土地用途包括商服用地、工矿仓储用地、住宅用地、公共管理与公共服务用地、交通运输用地 5 个基本类别，并依据《土地利用现状分类》中的二级类进行细化。据此，城镇土地的用途分类包括城镇住宅用地、商服用地和工业用地，其中城镇住宅用地是指城镇用于生活居住的各类房屋用地及其附属设施用地，不含配套的商业服务设施等用地；商服用地是指主要用于商业、服务业的土地，包括零售商业用地、批发市场用地、餐饮用地、旅馆用地、商务金融用地、娱乐用地及其他商服用地；工业用地是指工业生产、产品加工制造、机械和设备修理及直接为工业生产等服务的附属设施用地。

3.2 方法

（1）地统计分析法

地统计分析（Geostatistical Analyst）是 ArcGIS 软件中重要的统计分析模块，可以完成基准地价评估时的数据检验和数据建模等步骤，旨在为插值模型选择最合适的方法和参数。该模块能够反映评估样点数据所在的空间位置及相互间的距离，探索检查数据的分布规律，寻找、剔除异常值，并对数据的空间趋势和空间相关性进行充分分析。ArcGIS 中地统计分析模块共包括 7 种分析工具：直方图（Histogram）、正态 QQPlot 图（Normal QQPlot）、Voronoi 图（Voronoi Map）、趋势分析（Trend Analysis）、半变异函数/协方差云（Semivariogram/Covariance Cloud）、常规 QQPlot 图（General QQPlot）、交叉协方差云（Crosscovariance Cloud），如图 9-1 所示。

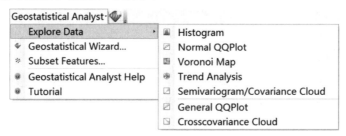

图 9-1　ArcGIS 地统计分析模块

（2）克里金插值方法

克里金插值方法是利用原始数据和半方差函数的结构性，根据已知样点数据的形状、空间方位和大小等信息，对未知样点进行线性无偏、最优估计的插值方法。

ArcGIS 地统计方法中克里金法包括普通克里金、简单克里金、泛克里金、协同克里金、对数正态克里金、指示克里金、概率克里金和析取克里金 8 种类型，不同类型的方法适用条件不同，如表 9-1 所示。需基于地统计分析得到的数据特征，初步选择插值方法，并根据不同插值结果的标准平均值、均方根预测误差、平均标准误差和标准均方根预测误差进一步确定插值方法。在克里金插值过程中，需注意样本数尽量大于 80，且当数据足够多时，各种插值方法的效果基本相同。

表 9-1 不同克里金插值方法及其适用条件

序号	插值方法	适用条件
1	普通克里金（Ordinary Kriging）	属性值的期望值是未知的
2	简单克里金（Simple Kriging）	属性值的期望值为某一已知常数
3	泛克里金（Universal Kriging）	数据存在主导趋势
4	协同克里金（Co-Kriging）	当同一事物的两种属性存在相关关系，且一种属性不易获取时
5	对数正态克里金（Logistic Normal Kriging）	数据不服从正态分布，但服从对数正态分布
6	指示克里金（Indicator Kriging）	当只需了解属性值是否超过某一阈值时
7	概率克里金（Probability Kriging）	数据的分布服从概率分布
8	析取克里金（Disjunctive Kriging）	不服从简单分布

4. 操作步骤

4.1 资料收集与整理

资料收集与整理的准确性和合理性是基准地价评估工作的重要基础，需依据《城镇土地估价规程》中的内容，进行评估时点的资料收集与调查，包括市场交易样点资料、与土地评估相关的经济资料等，且要确保资料收集的完备度和可靠度。基于收集资料，依据《城镇土地估价规程》中的地价计算与修订方法，根据其交易类型，采用市场比较法、收益还原法、剩余法、成本逼近法等方法，计算市场交易样点地价，并根据评估样点的用地类型、估价基准日、平均容积率、开发程度、使用年限、使用权类型等进行样点地价修正。对修正后的数据进行检查整理，人工剔除缺少主要项目、不符合要求以及数据偏离正常情况的样点数据，整理得到最终修正后的地价样点数据。

本实习方案中，共收集整理某县样点虚拟数据 683 个，其中包括商业用地样点 278 个、住宅用地样点 299 个、工业用地样点 106 个，不同用地类型样点数量统计数据如表 9-2 所示。

4.2 样点数据库建立

基于收集整理获得的地价样点的基础数据，根据样点实际分布图和经纬度数据（X_coordina；Y_coordina），将样点对应落实到 ArcGIS 中，生成 shape 文件，建立样点数据库。根据实际需求在 shape 文件中添加相应的属性字段，确保样点信息完整准确。

表 9-2　不同用地类型样点数量统计表

用地类型	样点类型	样点个数
商服	商铺出租	117
	柜台出租	100
住宅	商品房出售	61
	房屋出租	102
	房屋买卖	126
	土地使用权出让	71
工业	土地使用权出让	106
合计		683

步骤 1. 将地价样点数据导入 ArcGIS

启动 ArcMap，打开 ArcToolbox，点击 Conversion Tools>Excel>Excel To Table（如图 9-2 所示），选择"Sample"，单击"OK"，生成过程文件"Sample_ExcelToTable"，右击 "Sample_ ExcelToTable"，单击"Display XY Data"，"X Field"输入"X 坐标（X_coordina）"，"Y Field"输入"Y 坐标（Y_coordina）"，设置"Geographic Coordinate System"（一般设置为 GCS_ WGS_1984 或 CGCS2000，也可以设置与其他基础地理数据一致的坐标系），单击"OK"，如图 9-3 所示，生成文件"Sample_ExcelToTable Events"，将 Excel 表格中的地价样点数据加载到 ArcGIS 中。

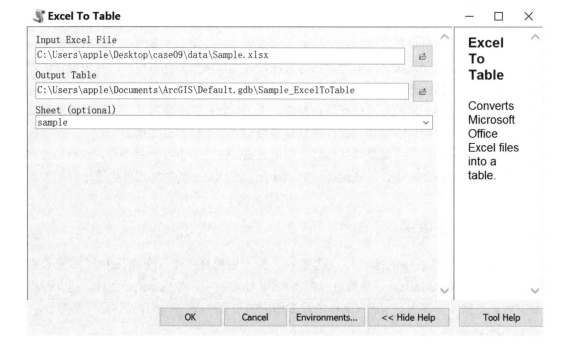

图 9-2　Excel To Table

A table containing X and Y coordinate data can be added to the map as a layer

Choose a table from the map or browse for another table:

Sample_ExcelToTable

Specify the fields for the X, Y and Z coordinates:

X Field:　　X_coordina

Y Field:　　Y_coordina

Z Field:　　<None>

Coordinate System of Input Coordinates

Description:

Geographic Coordinate System:
　　Name: GCS_WGS_1984

☐ Show Details　　　　　　　　Edit...

☑ Warn me if the resulting layer will have restricted functionality

About adding XY data　　OK　　Cancel

图 9-3　Display XY Data

步骤 2. 建立样点数据库

右击"Sample_ExcelToTable Events",点击 Data>Export Data>输出样点数据(Sample data)>OK,生成 shape 文件。根据不同用地类型分别导出城镇住宅用地样点(Sample-R)、商服用地样点(Sample-C)和工业用地样点(Sample-I)数据。样点数据分布如图 9-4 所示。

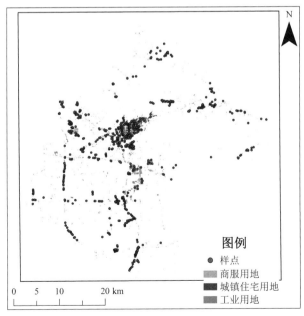

图 9-4　样点数据分布图

4.3 地统计分析

基于已建立的样点数据库，根据样点数据分布情况，选取案例中某镇的城镇住宅用地样点（Sample of town-R）作为实习方案的操作案例数据，样点数量为 117 个。此外，商服用地和工业用地的基准地价评估也可以按照同样的步骤进行操作。

利用 ArcGIS 地统计分析模块中的直方图工具和正态 QQPlot 图工具进行样点数据的检验，检验数据是否服从正态分布，只有满足正态分布的前提下才能进行插值，若不满足则对数据进行 log 变换或 box-cox 变换，看变换后的数据是否满足正态分布。若均不满足，则需利用半变异函数/协方差云图查找、剔除离群值，并进行空间趋势分析和空间自相关分析，为插值模型选择最合适的方法和参数提供依据。

（1）直方图分析

在 ArcMap 中加载基准地价样点数据点图层，单击工具条 Geostatistical Analyst 模块，下拉箭头选择 Explore Data>Histogram，设置相关参数（Bars、Transformation），选择"某镇城镇住宅用地样点"（Sample of town-R）和"地价"字段（修正后地价），生成直方图，如图 9-5 所示。通过直方图可以直观地看出数据是否服从正态分布。

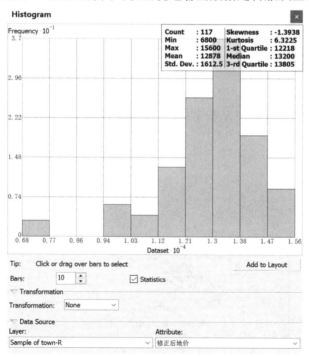

图 9-5 地价样点直方图

（2）正态 QQPlot 图分析

在直方图分析的基础上，单击工具条 Geostatistical Analyst 模块，下拉箭头选择 Explore Data>Normal QQPlot，设置相关参数（Transformation），选择"某镇城镇住宅用地样点"（Sample of town-R）和"地价"字段（修正后地价），生成正态 QQPlot 图，如

图 9-6 所示。如果数据在正态 QQPlot 图中的分布呈一条直线，则服从正态分布。

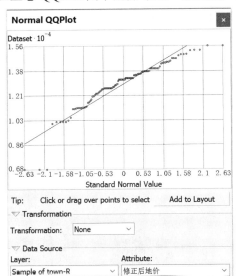

图 9-6　正态 QQPlot 图

（3）异常值剔除

根据直方图分析和正态 QQPlot 图分析，判断数据是否存在异常值，可以看出本案例数据存在异常值，需进行异常值剔除。单击工具条 Geostatistical Analyst 模块，下拉箭头选择 Explore Data>Semivariogram/Covariance Cloud，设置相关参数（Number of Lags），选择"某镇城镇住宅用地样点"（Sample of town-R）和"地价"字段（修正后地价），生成半变异函数/协方差云图，选择云图中的离群值点（如图 9-7 所示），并从属性表中删除异常值，获得"删除异常值后的样点数据"（Sample of town-R-correction）。本实习案例数据共剔除异常值 5 个。

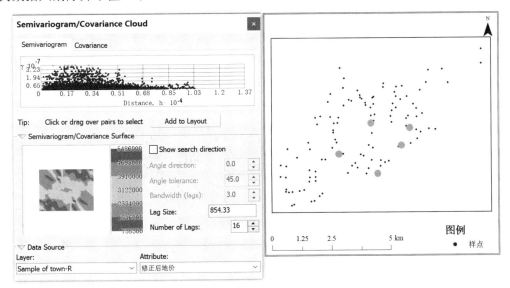

图 9-7　半变异函数/协方差云图及剔除样点分布

（4）空间趋势分析

单击工具条 Geostatistical Analyst 模块，下拉箭头选择 Explore Data>Trend Analysis，选择"某镇城镇住宅用地样点删除异常值后的样点数据"（Sample of town-R-correction）和"地价"字段（修正后地价），得到空间趋势分析图，如图 9-8 所示。在本实习案例的趋势分析图中，投影到东西方向上的趋势线为粗线，投影到南北方向上的趋势线为细线，可以看出两条线均呈抛物线的形状，表明样点地价在空间分布上呈中间高两边低的趋势。

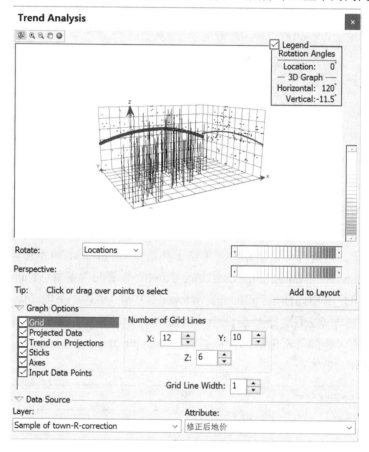

图 9-8　空间趋势分析图

（5）相关分析

单击工具条 Geostatistical Analyst 模块，选择 Explore Data>Semivariogram/Covariance Cloud，选择"某镇城镇住宅用地样点删除异常值后的样点数据"（Sample of town-R-correction）和"地价"字段（修正后地价），得到空间趋势分析图，如图 9-9 所示。本实习案例中，通过半变异函数/协方差云图可以看出，样点距离越小，对应的函数值也就越小，表明样点地价在空间上的分布具有较明显的空间自相关，且具有较明显的方向性，方向搜索角度为 60°。

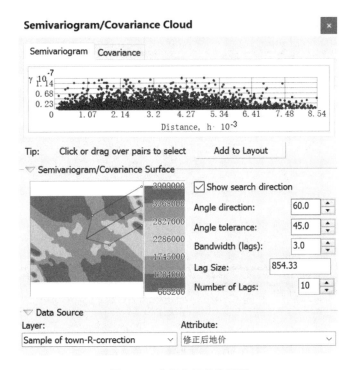

图 9-9　空间自相关分析图

4.4 构建基准地价预测图

采用克里金插值方法生成数字地价模型，构建基准地价预测图，从而实现对城镇土地的基准地价的评估。在实际操作过程中，可采用不同的克里金插值方法进行插值（如表 9-1 所示），然后根据不同插值结果的标准平均值、均方根预测误差、平均标准误差和标准均方根预测误差进一步确定插值方法。本实习以普通克里金插值法为例，生成基准地价预测图。

具体步骤为：

（1）在 ArcMap 中加载样点删除异常值后的数据和案例边界。

（2）单击 Geostatistical Analyst 模块，下拉箭头单击 Geostatistical Wizard。

（3）在弹出的对话框（如图 9-10 所示）中，在"Dataset"选择案例数据"Sample of town-R-correction"及其属性"修正后地价"，在对话框左侧"Geostatistical methods"中选择 Kriging 插值方法，单击"Next"按钮。

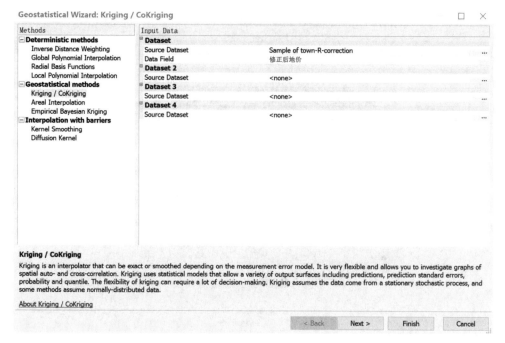

图 9-10　插值步骤 1：选择数据

（4）在弹出的对话框（如图 9-11 所示）中，展开普通克里金，单击"预测图"（Prediction），"Dataset #1"的"Transformation type"中选择变换方式（本案例选择"None"），"Order of trend removal"中选择趋势的移除阶数（本案例选择"Second"），单击"Next"按钮。

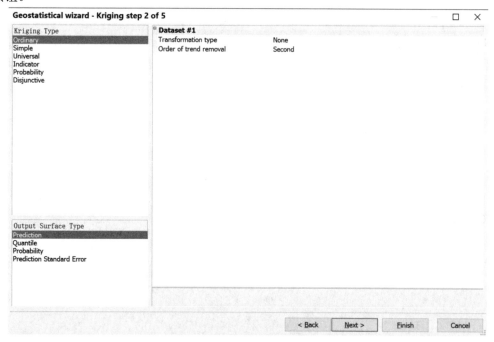

图 9-11　插值步骤 2：选择插值方法

（5）在"Method Properties"对话框（如图 9-12 所示）中，单击"Next"按钮。

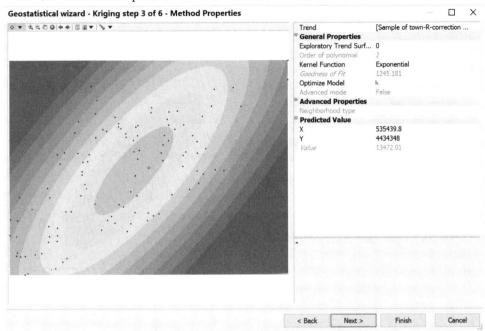

图 9-12　插值步骤 3：Method Properties

（6）在"Semivariogram/Covariance Modeling"对话框（如图 9-13 所示）中，选中"Show search direction"选项（True），移动左图中的搜索方向（60°），单击"Next"按钮。

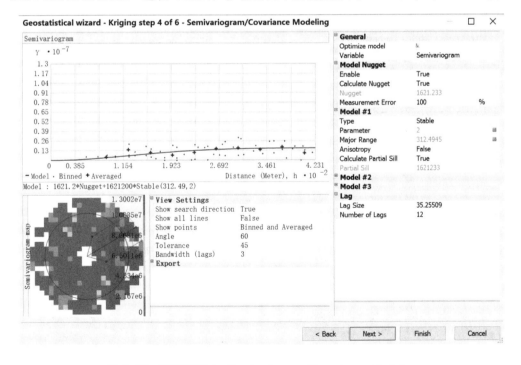

图 9-13　插值步骤 4：Semivariogram/Covariance Modeling

（7）在"Searching Neighborhood"对话框（如图 9-14 所示）中，单击"Next"按钮。

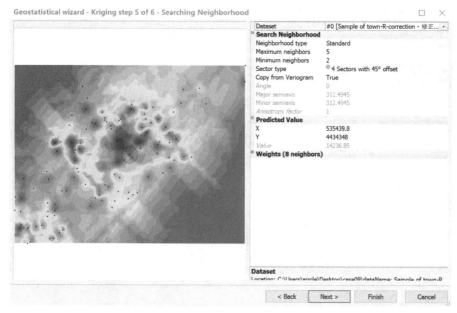

图 9-14　插值步骤 5：Searching Neighborhood

（8）在"Cross Validation"对话框（如图 9-15 所示）中，列出数据模型精度评价，单击"Finish"按钮。在根据不同参数得到的模型中，"Prediction Errors"中的几个指标符合以下标准的模型是最优的：标准平均值（Mean Standardized）最接近于 0，均方根预测误差（Root-Mean-Square）最小，平均标准误差（Average Standard Error）最接近于均方根预测误差，标准均方根预测误差（Root-Mean-Square Standardized）最接近于 1。

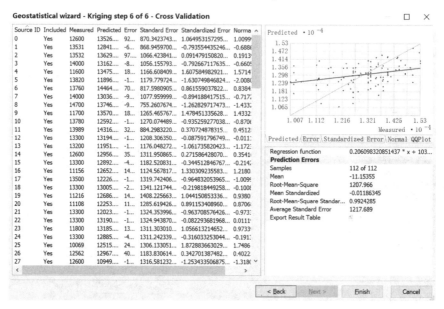

图 9-15　插值步骤 6：Cross Validation

（9）得到普通克里金法插值结果，如图 9-16 所示。若插值结果未完全覆盖研究区，则右击插值图层（Kriging），点击 Properties>Extent>Set the extent to：the rectangular extent of 案例边界>确定。

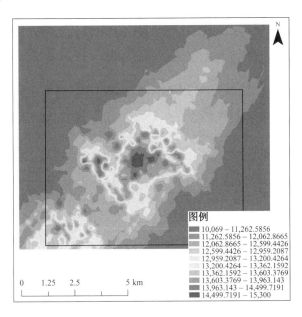

图 9-16　普通克里金法插值结果

4.5 评估结果

将插值后的基准地价评价结果导出为栅格文件（Result），对边界进行裁剪后，得到基准地价评估结果分布图，如图 9-17 所示，通过评估结果分布图可以进一步挖掘分析不同用地类型基准地价的空间分布和差异特征。

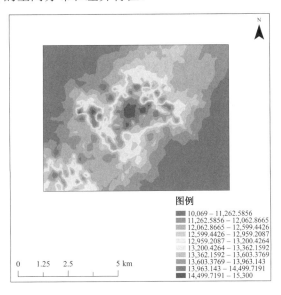

图 9-17　评估结果

第十章　ArcGIS 中基于不同交通方式下城市可达性的实现实习方案

1.　目的、关键技能与准备

1.1 实习目的

通过本实验掌握基于费用加权法的可达性分析过程，熟悉该方法在城市可达性计算中的具体应用，并能够使用这个方法进行其他相关问题的分析，如公共服务空间布局分析、资源优化配置等。深化学生以人民为中心的价值立场，提升学生的人文社会科学素养和社会责任感。

1.2 关键技能

本实习涉及的基础技能：（1）遥感影像解译；（2）地理数据配准。

本实习学习的关键技能：（1）ArcGIS 中缓冲区、字段计算器、栅格分析等基本功能；（2）基于 ArcGIS 的道路可达性分析。

1.3 资料准备

（1）软件准备：ArcGIS 10.X；

（2）图件资料：本实习以京津冀城市群为例，图件资料包括京津冀行政区划图.shp、京津冀各地级市政府所在地点.shp、京津冀各县区政府所在地点.shp、京津冀高速公路网络图.shp、京津冀公路网络图.shp、某地区高程图 DEM 文件、某地区最新版地图.Jpg；

（3）数据资料：所需的各种经济数据资料（年末常住人口、GDP 等）；

（4）其他资料：该地区地形条件等基本信息，需要准备该地区高速公路的相关建设规划等文本资料。

2.　实习任务

（1）计算某城市通过公路出行到达另一个城市理想状态下需要的时间；

（2）将城市抽象成为一个点来度量其到其他城市的出行时间；

（3）计算一定区域内某城市的可达性。

3. 实习相关基本原理和方法

3.1 城市可达性概念

一般来讲，城市可达性的描述可以转化为：（1）通过高速公路某一地级市到达其他地级市的便利程度（用时间度量）；（2）将人口及经济活动密集的地区作为各地级市以及县级区划的抽象点进行计算，一般认为大多数政府所在地人口和经济活动比较密集；（3）可达性的研究中经常使用高速出行平均提速时间、加权平均出行时间、日常可达性和潜力可达性四个指标进行表述。

3.2 方法

本章同时采用上述四个指标来评价京津冀高速公路建设对城市可达性的影响。指标不同，其所测度的含义也不同。高速出行平均提速时间测度的是实际出行成本，加权平均出行时间测度的是服务效率，日常可达性测度的是服务水平，潜力可达性测度的是经济潜力。应用不同的评价指标可以全面评价京津冀高速公路建设对京津冀各城市可达性的影响。

高速出行平均提速时间是测量高速建设对路网可达性影响的指标，可以直观地看到高速建设以后给出行带来的便捷程度。具体公式如下：

$$D_i = \sum_{j=1}^{n} \frac{(T1_{ij} - T2_{ij})}{d} \qquad (10\text{-}1)$$

式 10-1 中，D_i 为城市内出发点 i 的高速出行平均提速时间；j 为各城市的目的地点；$T1_{ij}$ 为 2005 年无高速图层情况下城市出发点 i 通过交通网络中通行时间最短的路线到达目的地点 j 的通行时间；$T2_{ij}$ 为加入高速图层情况下节点 i 通过交通网络中通行时间最短的路线到达目的地点 j 的通行时间；d 为点的个数。

加权平均出行时间主要是考察出行时间对可达性的影响。加权平均出行时间以目的地的规模实力为权重，不仅仅测量了地区的出行时间，还考虑了人口和经济的影响，而平均旅行出行时间仅仅只能反映地区的出行时间，故本教程选择加权平均出行时间来度量区域可达性。其具体公式如下所示：

$$A_i = \frac{\sum_{j=1}^{n}(T_{ij}M_j)}{\sum_{j=1}^{n}M_j} \qquad (10\text{-}2)$$

式 10-2 中，A_i 为城市出发点 i 的加权平均出行时间可达性值，计算值越小表示节点的交通可达性水平越高；j 为各城市的目的地点；T_{ij} 为城市出发点 i 通过交通网络中通行时间最短的路线到达目的地点 j 的通行时间；d 为点的个数；M_j 为目的地城市的规模实力（权重，其实就是规模），本教程综合使用经济 G_j（地区生产总值，单位：千万元）和人口 P_j（年末常住人口，单位：千万人），规模 $= \sqrt{G_j \times P_j}$ 进行表述。

日常可达性是指在限定的时间内，从评价点出发所能到达的人口数或者经济活动的数量。出行时间的选择一般以同一天内可以往返某地为标准。日常可达性的具体计算公式如下：

$$D_i = \sum_{j=1}^{m} R_i \delta_{ij} \tag{10-3}$$

式 10-3 中，D_i 是城市 i 的日常可达性；m 是研究区域中城市的数量；R_i 是城市 i 中常住人口数；T_{ij} 是从城市 i 到目的地城市 j 所用的时间（min）；δ_{ij} 为开关变量，如果 T_{ij} 满足限定时间，$\delta_{ij}=1$，否则 $\delta_{ij}=0$。不同的研究采用的出行时间限定不尽相同，如 2 h、3 h 和 4 h 等。考虑到本实习以京津冀各地级市为研究单元，所以综合使用 2 h 作为日常可达性的时间限定值，并且假设城市中人口集中在某一个点上，是不移动的。

潜力可达性用来评价各个节点与目的地之间的相互作用力，侧重于测度出发点和目的地之间的相互作用强度。作用强度越大说明两点之间的可达性越好，作用强度越小说明两点之间的可达性越差。它来源于物理学中的万有引力定律。潜力可达性用城市潜力与城市间出行时间的比值表示。其具体公式如下所示：

$$PA_i = \sum_{j=1}^{n} \frac{M_j}{T_{ij}^{\alpha}} \tag{10-4}$$

式 10-4 中，PA_i 是城市的潜力可达性值，计算值越大表示节点的可达性水平越高；T_{ij} 是城市 i 通过交通网络到达各目的地城市 j 所需的最小时间成本；α 是距离摩擦系数，一般取 1；n 为目的地城市的数量；M_j 为目的地城市的规模实力。

4. 操作步骤

4.1 调入数据

在 ArcGIS 软件中点击"添加数据"按键 ⊞，添加 1.3 中所列举的数据，如图 10-1 所示，并在内容列表中显示，如图 10-2 所示。

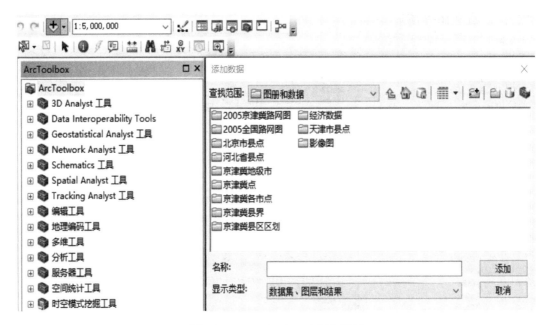

图 10-1　ArcToolbox 中调入数据

图 10-2　内容列表显示数据

4.2 生成成本图层

（1）构建地理数据集

主要组合使用 ArcGIS 中的缓冲区、字段计算器、面转栅格等工具。

步骤 1. 添加缓冲区

使用 ArcToolbox 中的"分析工具>邻域分析>缓冲区"为各公路的"shp"图层添加

缓冲区，如图 10-3 所示。

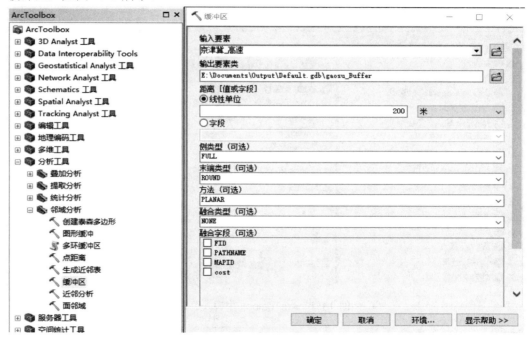

图 10-3   添加缓冲区

步骤 2. 速度赋值

打开属性表，为各公路的缓冲区在属性表中添加"速度（cost）"字段，如图 10-4 所示，在字段计算器中分别完成速度赋值，如图 10-5 所示。

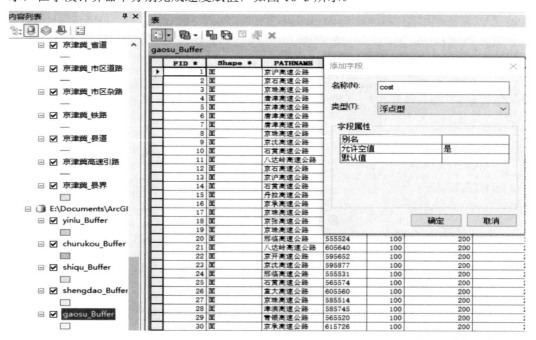

图 10-4   添加字段

图 10-5 速度赋值

速度赋值大小按照《公路工程技术标准（JTG B01-2014)》进行，具体值如表 10-1 所示。

表 10-1 速度赋值表

公路类型	速度（km/h）	出行时间成本（h/10 km）
高速公路	100	0.100
国道	70	0.142
省道	50	0.200
县道	50	0.200
城市快速路	40	0.250
其他道路	20	0.500
陆地	10	1.000
地铁阻隔	1	10.000
高速公路阻隔	1	10.000
地铁出入口	10	1.000

（2）封闭道路的创建

步骤 1. 设置缓冲区

在高速公路、地铁两侧设置缓冲区，使用 ArcToolbox 中的"分析工具>邻域分析>缓冲区"设置国道、省道道路缓冲区 200 m，市区道路阻隔缓冲区为 300 m，道路出入口以及高速公路引路缓冲区为 400 m。

步骤 2. 赋值

按照地理数据集构建的第二步操作，对道路阻隔和出入口以及高速公路引路进行赋值，并对京津冀市域区划进行陆地赋值。

（3）路网栅格化处理

使用 ArcToolbox 中的"转换工具>转为栅格>面转栅格"对各级道路以及其阻隔和出入口进行栅格化处理，处理字段为"速度"，栅格大小为 10 m×10 m，如图 10-6 所示。

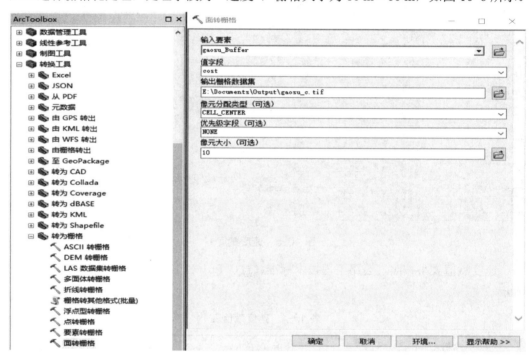

图 10-6　栅格化处理

（4）栅格镶嵌

使用 ArcToolbox 中的"数据管理工具>栅格>栅格数据集>镶嵌至新栅格"将各栅格道路镶嵌成为无高程影响的栅格图层，镶嵌顺序如图 10-7 所示。

（5）地形图层的形成

步骤 1. 提取地形坡度

导入京津冀高程 DEM 文件"未命名.tif"（打开路网及行政区矢量/京津冀高程影像图），使用 ArcToolbox 中的"Spatial Analyst 工具>表面分析>坡度"提取京津冀地形坡度值，如图 10-8 所示。

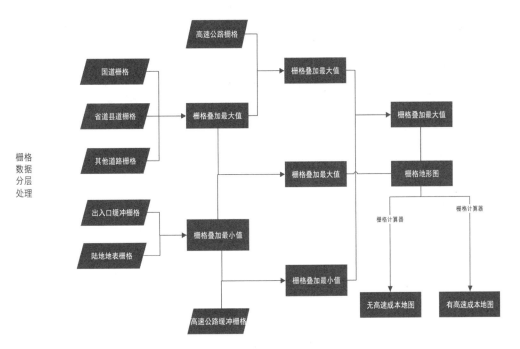

图 10-7 栅格镶嵌流程图

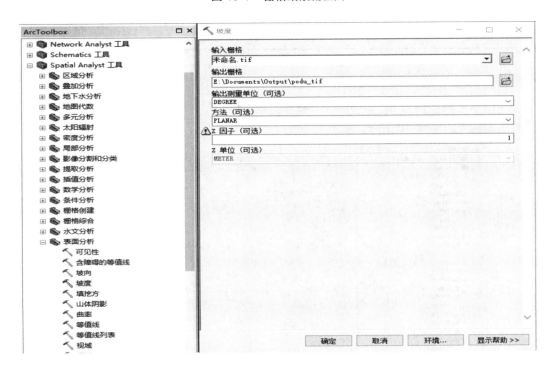

图 10-8 提取地形坡度

步骤 2. 对坡度重分类

使用 ArcToolbox 中的"Spatial Analyst 工具>重分类>重分类"对提取的坡度重分类，如图 10-9 所示，重分类标准如表 10-2 所示。

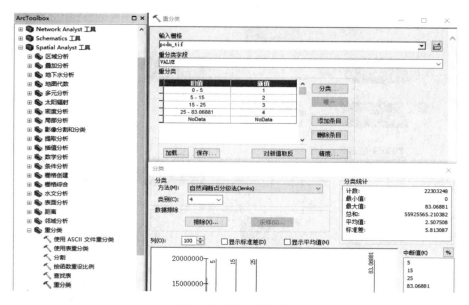

图 10-9　坡度重分类

表 10-2　速度耗损表

类别	坡度（°）				起伏度（m）			
范围	<5	5—15	15—25	>25	<15	15—30	30—60	>60
速度耗损（%）	100	95	75	50	100	85	65	50

步骤 3. 焦点统计

使用 ArcToolbox 中的"Spatial Analyst 工具>邻域分析>焦点统计"对"未命名.tif"进行焦点统计，如图 10-10 所示。

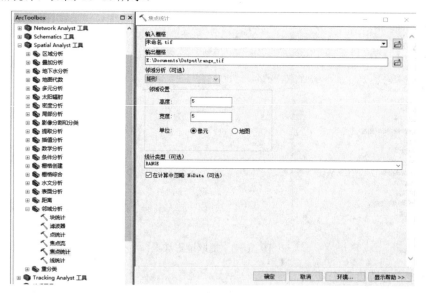

图 10-10　焦点统计

步骤 4. 重分类

使用 ArcToolbox 中的"Spatial Analyst 工具>重分类>重分类"对重分类的坡度以及焦点 Range 统计进行重分类，如图 10-11 所示。

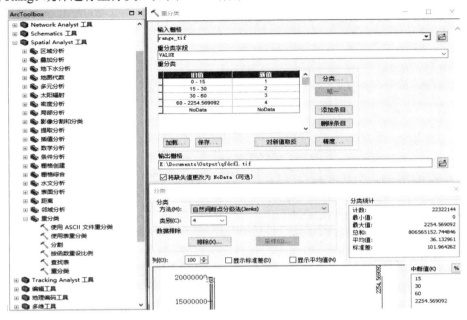

图 10-11　重分类

步骤 5. 重采样

使用 ArcToolbox 中的"数据管理工具>栅格>栅格处理>重采样"进行重采样，如图 10-12 所示。

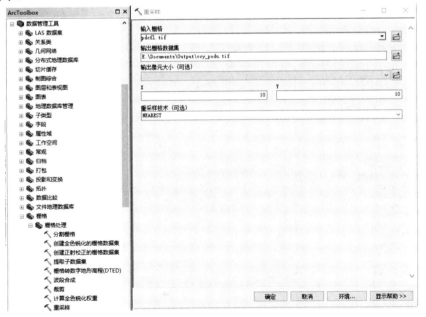

图 10-12　重采样

（6）出行时间成本图的生成

步骤 1. 地形和路网栅格镶嵌

使用 ArcToolbox 中的"Spatial Analyst 工具>地图代数>栅格>栅格数据集>镶嵌至新栅格"，对地形和路网栅格进行镶嵌，如图 10-13 所示。

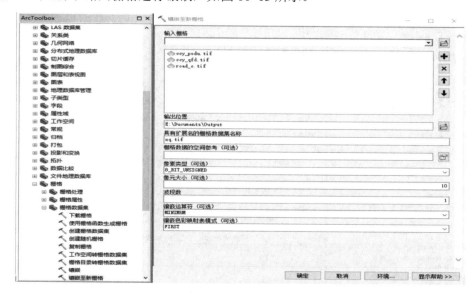

图 10-13 地形和路网栅格镶嵌

步骤 2. 图层转换

同样使用栅格计算器，如图 10-14、图 10-15 所示，将速度图层转换为时间图层，公式为：

$$Cost = 10/V \tag{10-5}$$

其中，$Cost$ 为时间，V 为速度。

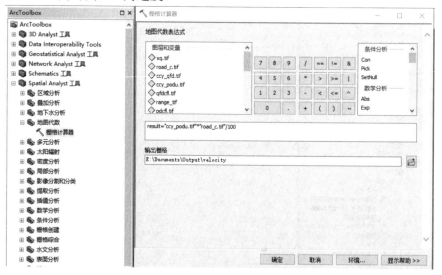

图 10-14 栅格计算器计算速度

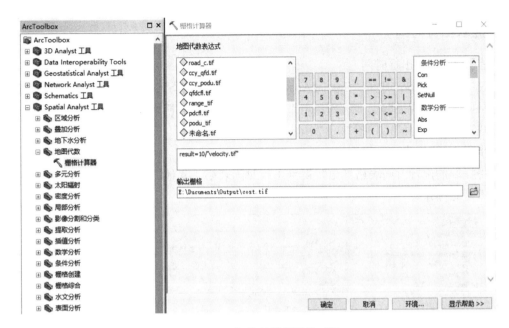

图 10-15　栅格计算器计算时间

4.3　制作城市出行成本图

以保定市出行时间为例，使用 ArcToolbox 中的"Spatial Analyst 工具>距离>成本距离"，以保定市政府所在地为出发点计算其到京津冀地区任意一点的出行时间，如图 10-16 所示。京津冀其他城市出行成本图的制作，重复进行本操作。

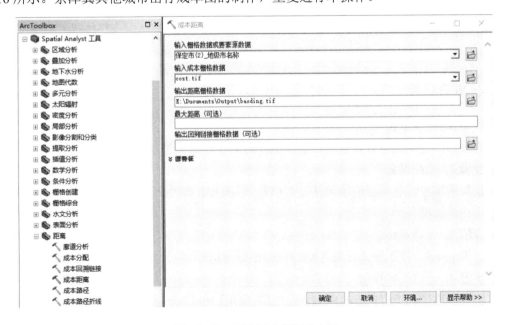

图 10-16　制作城市出行成本图

4.4 提取出行时间

步骤 1. 提取出行时间

使用 ArcToolbox 中的"Spatial Analyst 工具>提取分析>值提取至点",以去除保定市下辖县区政府点为提取点,选择保定市出行成本图为提取栅格,提取保定市到其他各个县区政府的出行时间,如图 10-17 所示。

步骤 2. 导出出行时间表格

将提取的出行时间表格导出,得到出行时间表格。其他城市到各个县区政府的出行时间重复此操作。

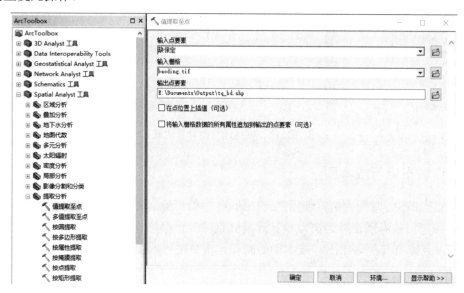

图 10-17　提取出行时间

4.5 计算可达性

步骤 1. 转换表格格式

将导出的各地级市到各县区政府的出行时间整理成为规范的 Excel 表。

步骤 2. 数据准备

收集所需要的各县区的年末常住人口数以及 GDP 等经济数据,计算当地潜力,并为日常可达性做准备。

步骤 3. 计算可达性

利用 Excel,按照公式计算各地级市的出行可达性。

步骤 4. 可达性可视化

将数据连接到地级市行政区划.shp 图层,如图 10-18 所示,采用自然间断点分级法,绘制京津冀可达性分级图,如图 10-19 所示。

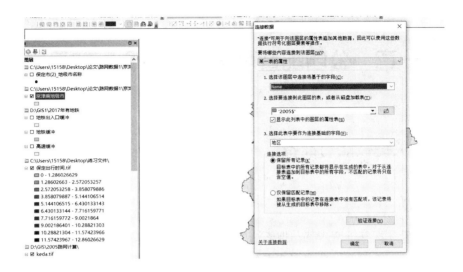

图 10-18 连接数据

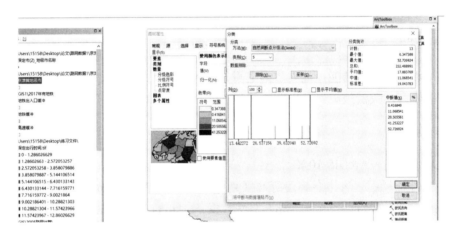

图 10-19 可达性可视化实现

第十一章　公园配置可达性水平测度实习方案

1．目的、关键技能与准备

1.1 实习目的

通过本实验掌握基于两步移动搜索法的可达性分析过程，熟悉该方法在可达性计算中的具体应用，并能够使用这个方法进行其他相关问题的分析，如公共服务空间布局分析、资源优化配置分析等。通过实习，深化学生以人民为中心的价值立场，提升学生的人文社会科学素养和社会责任感。

1.2 关键技能

本实习涉及的基础技能：地理数据空间分析。

本实习学习的关键技能：使用两步移动搜索法分析公园配置可达性。

1.3 资料准备

（1）软件准备：ArcGIS 10.X；

（2）图件资料：××市各街道行政区划图——accessibility.shp、街道人口数据——popcenter.shp、公园数据——park.shp、路网数据——street.shp，shape-area 为公园面积，POPU 为人口数量。

2．实习任务

（1）使用 ArcGIS 中 OD 成本矩阵计算两地之间的时间；

（2）以出行时间为基础计算公园可达性。

3．实习相关基本原理和方法

3.1 可达性的内涵

1959 年，汉森在 "How Accessibility Shapes Land Use"（《可达性如何影响土地利用形态》）一文中首先引入了 "可达性" 这一概念，说明了交通运输对城市规划和土地利用决策的重要性，以及对城市建设的深远影响。可达性的内涵可以概括为：人们在从空间中一个点出发到达目的地时所需要克服的相对难易程度，这种难易程度反映了移动过程中所遇到的空间阻力（Spatial Resistance）的大小。距离、时间和费用等指标通常作为可达性的测量标准，可根据具体的研究目的和对象的不同来进行选择。随着概念的普及和相关研究的逐渐深入，可达性已经成为城市规划、交通规划、风景园林和区位评估等领域的重要指标之一。

3.2 公园绿地可达性评价的常见方法

为了更好地评估城市公共服务的覆盖范围和分布情况，促进城市建设的合理化和可持续发展，可达性研究方法逐渐丰富，常见的方法包括统计指标法、缓冲区分析法、费用加权距离法、网络分析法、空间句法和两步移动搜索法等。相比其他方法，两步移动搜索法计算方便、直观、可实现性强。

表 11-1　公园绿地可达性评价的常见方法

研究方法	原理	优势	劣势
统计指标法	运用各类指标，如绿地覆盖率、人均面积等进行测算，有时也加入城市公园总量和服务人口之比作为可达性度量指标，比例越大可达性就越好。	资料取得简便，便于计算，结果一目了然、通俗易懂，适合于简单纵横向对比。	无差别地认为所有居民都能享受园区服务并能无障碍进入，并不能真实反映园区服务情况，存在较大误差。
缓冲区分析法	以城市公园规模、级别、种类和居民对某种交通方式的作用能力作为划分服务半径的标准。	简便易行，可基本将城市公园分为服务与非服务两类，呈现效果更加直观。	未考虑城市公园外围通行情况以及城市的景观异质性等因素，忽视了到城市公园时的阻力问题。
费用加权距离法	以累积到达城市公园需克服的障碍阻力表示其可达性。	充分考虑居民心理因素并结合实际路网。	阻力值设定主观性较大，此外，这种方法还认为户外活动没有规律和方向。
网络分析法	以图论与运筹学作为理论依据，立足于道路网络系统的研究方法。	原理与操作简单明了，能够简洁明了体现地区开放空间配置效率并适合宏观尺度范畴内评价。	交通路网数据难以获取，处理过程相对复杂。
空间句法	从空间形态出发，理解人类社会行为、经济行为、文化行为的城市建设理论，其空间分析方法以拓扑形态为基础。	将空间视为社会经济活动展开的一部分，重视空间之间的关系，不仅关注局部的空间可达，更强调整体的通达和关联。	依赖详细的城市地图建模数据。
两步移动搜索法	以引力模型为基础，分别从供需两地出发计算可达性。	将非空间属性融入空间可达性研究，在计算可达性的过程中考虑到供给点和需求点规模以及供给点和需求点之间的相互作用。	数据处理过程相对复杂，忽略了实际交通路网形成的阻力。

3.3 两步移动搜索法及其优化

两步移动搜索法基于机会累积的方法，克服了早期移动搜索法对供应和需求考虑不足的缺点，分别以供给点和需求点为基础，以设定的搜索域阈值或时间的阈值最大值为搜索半径，移动搜索两次，对搜索域半径之中的居民可以接近的资源或设施数量进行比较。所采用的重力型 2SFCA（Gravity 2SFCA，G2SFCA）以重力模型的距离衰减函数作为搜寻半径内的距离衰减函数 $G(d_{ij})$，对远近不同的供应者进行分级处理，近的可达性高，远的可达性低，从而反映了可达性随距离连续衰减的过程。重力模型是空间公平领域最为成熟的模型，对其距离衰减函数的探讨也较为丰富，常见的函数形式有幂函数、指数型、对数型等，本实习选择幂函数引入 2SFCA 以避免可达性值不连续，且距离衰减函数数学表达形式更为简洁。此外，在数据源、OD 成本计算等方面对 2SFCA 法进行改进。具体步骤如下：

第一步，计算供需比：

$$R_j = \frac{S_j}{\sum_{i \in \{d_{ij} \leqslant d_0\}}^{k} D_i \times G(d_{ij})} \tag{11-1}$$

式 11-1 中，i 为需求点，j 为供给点，R_j 是经过加权计算后的供需比，表示潜在人均公园面积；S_j 代表供给点的服务能力，同时公园的地理中心被用来表示其空间位置；D_i 为需求点的规模，用街道的人口数量表示，并用街道的几何中心代表其人口重心；k 代表搜索半径内街道单元的数量；d_{ij} 表示需求点 i 与供给点 j 之间的距离，该距离是传统 2SFCA 方法中的参数，由于时间长短是衡量到达公园绿地难易程度的最直观体现，因此此处用供需两点之间的实际通行时间（Minutes）表示，各个街道单元到达公园绿地的最短时间将采用 OD 成本（出行时间）矩阵计算；d_0 为搜索半径，表示前往公园的极限通行时间；$G(d_{ij})$ 是考虑到交通摩擦系数的距离衰减函数，此处使用幂函数表达，其计算公式如下：

$$G(d_{ij}) = \begin{cases} d_{ij}^{-\beta}, & d_{ij} \leqslant d_0 \\ 0, & d_{ij} > d_0 \end{cases} \tag{11-2}$$

式 11-2 中的 3 个关键变量包括距离衰减函数 $G(d_{ij})$、需求点 i 与供给点 j 之间的距离 d_{ij} 以及搜索半径 d_0，交通摩擦系数 β 也是其中的一个参数。

第二步，基于前一步得出的结果，计算出可达性指标：

$$A_i = \sum_{i \in \{d_{ij} \leqslant d_0\}}^{m} R_j \times G(d_{ij}) \tag{11-3}$$

式 11-3 中，每个街道单元的可达性值为 A_i，落在以 i 为核心、搜索半径为 d_0 的空间作用域内的公园绿地数为 m，第一步中计算的供需为 R_j，距离衰减函数为 $G（d_{ij}）$。通过对上述公式的求解得出计算结果。改进后的两步移动搜索法计算出的公园绿地可达性结果，实际内涵是考虑距离衰减要素且经过特殊加权计算的广义人均公园绿地面积，即 A_i 越大，可达性就越好。

4. 操作步骤

4.1 计算街道与公园的行程时间

步骤 1. 字段设置

在 ArcMap 中，打开 Sallroad.shp 的属性表，并添加字段"Meters"和"Minutes"（浮点型），源要素数据集必须有一个字段代表网络阻抗值，如"距离"和"出行时间"，并以阻抗单位（例如"米"和"分钟"）来命名这些字段，便于被系统自动检测到。

右击字段"Meters">计算几何，选择长度为属性、米为单位来计算每个路段的长度。右击字段"Minutes">字段计算器，并使用公式"60* ［Meters］/1000）/ ［SPEED］"。注意速度的单位是公里/每小时，该公式将出行时间单位转换成了分钟。

步骤 2. 建立网络数据集

打开 ArcCatalog，从主菜单选择自定义>扩展模块，确保 NetworkAnalyst 的复选框被勾选，关闭扩展模块对话框，激活网络分析模块（Network Analyst Module）。在 ArcCatalog 目录树中，找到项目文件夹，右击要素数据集 Sallroad.shp>新建>网络数据集。

按照下面的步骤完成该过程：命名新网络数据集为 Sallroad_ND，点击"下一步"；在构建转弯模型的对话窗口中，选择"否"，点击"下一步"；在定义连通性窗口中，点击"下一步"；在高程建模窗口中，选择"无"（本数据不包含高程字段），点击"下一步"；在建立行驶方向窗口中，选择"否"，点击"下一步"；点击"完成"，关闭摘要窗口；点击"是"，构建新的网络数据集。

新的网络数据集"Sallroad_ND"和要素类"Sallroad_ND_Junctions"就成为要素数据集"Sallroad"的一部分。右击网络数据集"Sallroad_ND">属性，查看前面定义的源、连通性、高程、属性和方向，需要时可使用"重置"修改。

步骤 3. 网络分析

在 ArcMap 中显示 Network Analyst 工具条，可在菜单中选择自定义>工具条，勾选"Network Analyst"。将要素数据集"Sallroad"添加到当前图层，所有相关要素都同时显示（Sallroad_ND_Junctions、Sallroad 和 Sallroad_ND）。再添加出发地（O）和目的地（D）图层：要素街道点 popcenter.shp 和公园点 park.shp。

（1）激活 OD 成本矩阵工具。在网络分析工具栏中，点击 Network Analyst 下拉菜单，选择"新建 OD 成本矩阵"。复合网络分析图层 OD 成本矩阵（O-D Cost Matrix）（包含六个空白类别：起始点、目的地点、线、点障碍、线障碍和面障碍）就被加入图层窗口的内容列表中。需要注意的是，在图层窗口中 Sallroad_ND 的三个要素同时新增了一个 OD 成本矩阵图层，其下也具有同样的六个空白分类（如果没有显示，可通过点击 Network Analyst 下拉菜单旁的图标进行激活）；如果 Network Analyst 窗口按钮为灰色，请检查 ArcMap 主菜单自定义>扩展模块> NetworkAnalyst 的复选框是否被勾选上。

（2）定义起始点和目的地。在"OD 成本矩阵"下的"Network Analyst"窗口中，右击起始点（O）>加载位置。对话窗口中，选择"街道点 popcenter.shp"；"排序"字段选择"RID"；"位置定位"选择"使用几何"，并设置"搜索容差"为"5000 米"；单击"确定"，加载本实习案例中的 128 个起始点。右击目的地（D）>加载位置，加载"公园 park.shp"，"排序"字段选择"MID"；"位置定位"选择"使用几何"，并设置"搜索容差"为"5000 米"；单击"确定"，加载 168 个目的地。

（3）计算 OD 成本（出行时间）矩阵。在网络分析工具栏中，单击"求解"按钮。该解决方案被保存在内容列表中的线图层或网络分析窗口下的线图层中。右击其中任一个图层，打开属性表。表中包含的字段"OriginID""DestinationID"和"Total_Minutes"分别表示出发地的 ID、目的地的 ID 以及它们之间的总时间。在上面打开的表中，单击表选项下拉菜单图标>导出，选择 dBASE 表为保存类型，并命名为"ODTime.dbf"，原 dBASE 表中的字段名会被缩减，如"Destinatio"代表"DestinationID"，"Total_Minu"代表"Total_Minutes"。

（4）最后保存项目即为出行时间，以供将来参考，这里保存为 street.shp。以 10 分钟出行时间为例，OD 成本矩阵下的数据表>按属性选择>Total_Minutes<=10；右击 OD 成本矩阵，选择导出数据>所选要素>此图层的源数据>street.shp。

4.2 将街道人口数据和公园数据连接到出行时间表

使用连接功能时需注意公园和街道点的次序应准确对应，将连接好的出行时间的表格导出命名为"StreetODtime"。

步骤 1. 将公园数据连接到出行时间表

加载"street.shp"，右击图层，选择连接和关联>连接，基于字段：Destinatio，选择要连接到此图层的表：Park.shp，选择字段：MID，如图 11-1 所示。

步骤 2. 将街道人口数据连接到出行时间表

加载"street.shp"，右击图层，选择连接和关联>连接，基于字段：OriginID，选择要连接到此图层的表：Popcenter.shp，选择字段：RID。

步骤 3. 保存

右击"street.shp"，选择数据>导出数据>命名为：StreetODtime.shp。

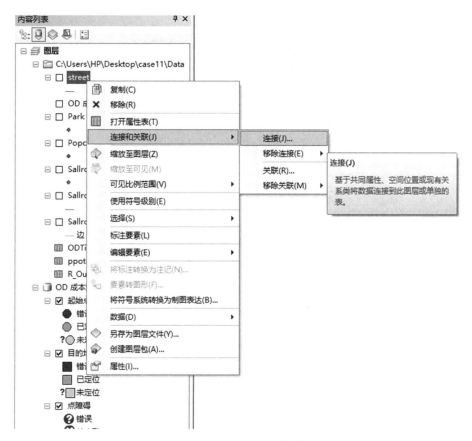

图 11-1　数据连接对话窗口

4.3 按公园位置计算人口势能

在"StreetODtime.shp"中增加字段"PPotent"，设置为浮点型，按照公式（[POPU] * [Total_Minu] ^（-1））计算，假设交通摩擦系数为 1；在 StreetODtime.shp 中按照公园位置汇总 PPotent，得到新表 ppotent_Output.dbf，如图 11-2 所示。

4.4 计算可达性分值

按照字段 MID 把 ppotent_Output 连接到 StreetODtime，新增字段"R"并计算。R 值的计算公式为前文基本原理中的 3.3 部分（公式 11-1），如图 11-3 所示，导出表格 R_Output.dbf。具体步骤如下：

步骤 1. 连接表 ppotent_Output 与 StreetODtime

参考 4.2 的步骤，StreetODtime>连接>MID>ppotent_Output>MID>确定。

步骤 2. 计算 R 值

"StreetODtime"添加字段"Rj"，输入公式：（[shape_Area] / [Sum_PPotent]）；添加字段"Gdij"，输入公式：（[Total_Minu] ^（-1））；添加字段"R"，输入公式：（[Rj] * [Gdij]）。

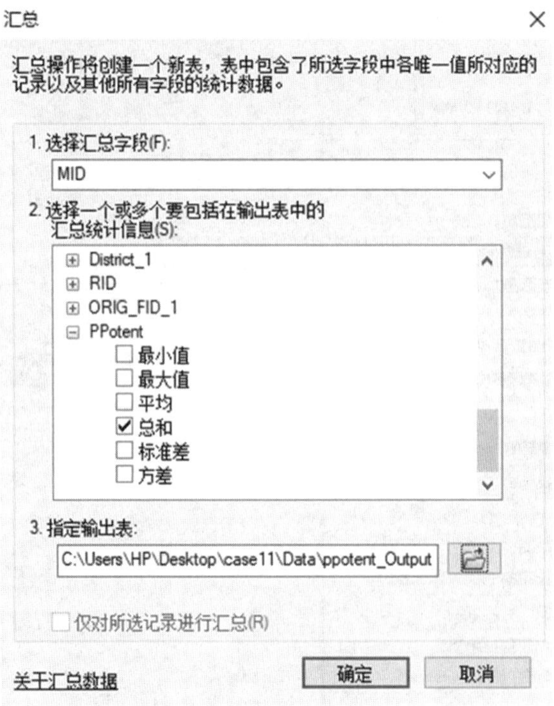

图 11-2   按照公园位置汇总 PPotent 对话窗口

步骤 3. 汇总 R

打开"StreetODtime"属性表，右击字段"RID"，点击汇总>R 总和>R_Output。

图 11-3   按照公园次序汇总 R 对话窗口

4.5 绘制可达性地图

可达性地图绘制使用永久属性连接，地理处理>（ArcToolbox>数据管理工具>连接>连接字段）将 R_Output.dbf（基于字段 RID）中的可达性分值（字段 Sum_R）加入街道行政区划图层 accessibility.shp 的属性表（基于字段 RID）中。这是为了确保可达性分值在下一步连接中的传递。

将街道 accessibility.shp 图层与表 R_Output 连接完成后，右击图层"accessibility.shp"，点击属性>符号系统>数量>值选择 Sum_R 字段>确定，即可得到最终可达性地图，如图11-4 所示。

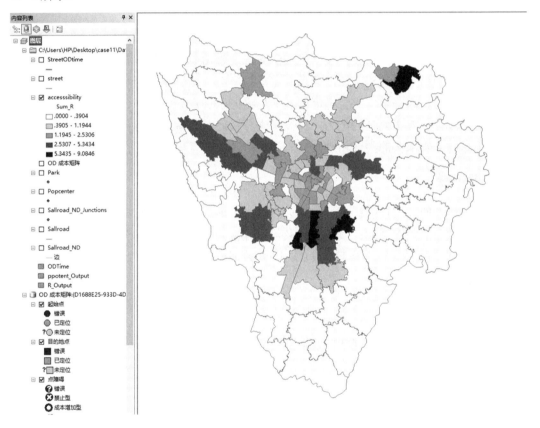

图 11-4　基于 2SFCA 法（搜索阈值为 10 分钟）的××市公园可达性

第十二章　土地整治项目规划设计实习方案

1. 目的、关键技能与准备

1.1 实习目的

土地整治项目规划是为提高土地利用效率而制定的，包括工程定位和计算标准等在内的具体工作方案。通过实习，使学生加深对土地整治原理的理解与认识，进一步掌握土地整治工程的相关内容和方法，合理制定规划方案。培养学生资料分析、设计处理、意图表达的能力，训练学生综合考虑问题的思维方法和规划的技能，使学生具备土地整治项目规划设计与方案编制的能力。提高学生分析问题、解决实际问题的能力，培养学生自强不息、务实求实的实践精神。

1.2 关键技能

本实习涉及的基础技能：（1）土地调查；（2）地理信息空间分析；（3）地图制图。

本实习学习的关键技能：（1）调查及数据分析能力；（2）地形分析；（3）使用阵列软件进行规划布局；（4）各类工程设计；（5）数据统计。

1.3 资料准备

（1）软件准备：GLand V10.0；

（2）数据准备：规划区现状图及调查资料。

2. 实习任务

（1）资料收集与现状分析；

（2）工程规划：土地利用及土地平整工程、田间道路工程、灌溉与排水工程、农田防护与生态环境保持等工程的空间布局；

（3）工程设计：土地平整工程、田间道路工程、灌溉与排水工程、农田防护与生态环境保持工程；

（4）工程项目统计；

（5）方案编制；

（6）图件绘制。

3. 实习相关基本原理和方法

3.1 基本原理

3.1.1 土地整治的内涵

土地整治是为满足人类生产、生活和生态的功能需要，对未利用、低效和闲置利用、损毁和退化土地进行综合治理的活动，是土地开发、土地整理、土地复垦、土地修复的统称。党的十九大指出，中国已经进入新时代，中国国土空间与资源利用形势也发生了深刻变化。顺应新时代、解决新矛盾，国土空间利用方式应当从粗放式向可持续集约、注重人地和谐的高品质发展方式转变。土地整治的内涵也逐渐转向国土综合整治，成为针对国土空间开发利用中产生的问题，遵循"山水林田湖草生命共同体"的理念，综合采取工程、技术、生物等多种措施，修复国土空间功能，提升国土空间质量，促进国土空间有序开发的活动，是统筹山水林田湖草系统治理、建设美丽生态国土的总平台。

3.1.2 土地整治项目规划的基本原理

土地整治项目规划是指在符合土地利用总体规划和土地整治规划的前提下，开展土地整治项目具体工作之前，根据项目的施工设计及项目预算编制要求，依照土地整治相关政策规定、技术标准，通过对地块物理形态和产权结构的调整以及农田基础设施的配套建设，在三维空间和时间序列上建立合理的用地结构和布局，以充分发掘土地潜力，提高土地利用效率所做的安排和布置而制定的土地整治项目工程定位和计算标准等具体的工作方案。

3.2 软件介绍

本实习可使用杭州阵列科技股份有限公司开发的土地整理规划设计软件（GLand V10.0）完成土地整治项目规划设计的相关工作。该软件具备智能编号及快捷出表、格田设计及批量整理、沟渠设计及断面出图、道路设计及断面出图、标准用地及地块报表以及项目数据三维模拟仿真等功能，具有良好的交互性，界面友好，贴近设计人员的设计思路，能够在较短的时间内计算出土方量，具有高度智能化、自动化的特征。

4. 操作步骤

4.1 现状分析

对项目所在县（市、区）的名称、地理位置、自然条件、地貌类型、社会经济情况及土地利用状况等进行资料收集统计，并对项目区进行现状分析，主要包括以下几个方面。

（1）基础设施条件

道路交通设施、灌排骨干设施、田间灌排设施、电力设施、农田防护与生态环境保持设施的状况，包括数量、位置、质量、运行状况等，分析现状条件对工程布局的影响和要求。

（2）地形采集

①采集离散点标高

菜单位置：自然地形采集>采集离散点标高

将图中文本标高数字转化为软件识别的地形离散点。选择所需采集的高程点，如图12-1所示。采集后文本标高颜色会转换成粉色，说明采集成功。

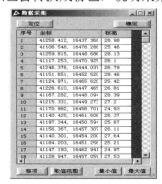

图 12-1　高程点采集

②采集等高线标高

菜单位置：自然地形采集>采集等高线标高

将无标高信息的地形等高线转换为有标高信息的地形等高线，可根据基础数据的情况选用截取等高线、逐条等高线、采集计曲线或者转换等高线的方式完成。

（3）地形分析

菜单位置：矿山土地复垦>地形分析>坡度分析

根据已采集的高程信息，对项目区地形进行分析，得到坡度分析结果图。坡度区间可根据项目区高程区间和地形特征进行选择，如图12-2所示。

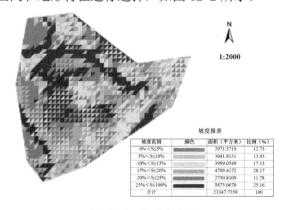

图 12-2　坡度分析图

（3）土地利用现状分析

分析项目区土地利用类型及结构，并绘制土地利用现状图及土地利用现状统计表。

①用地采集

菜单位置：用地划分>用地采集

采集已有范围区域和用地编号文本的用地。点击"功能"命令后，通过层选范围线，层选文本，采集用地，如图 12-3 所示。

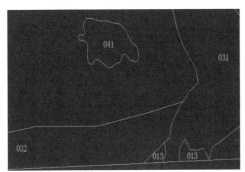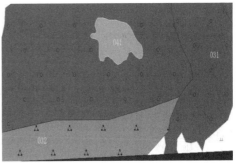

图 12-3　用地类型采集

②用地现状表

菜单位置：用地划分>用地现状表

制作用地现状表，同时可在图中绘表或导出 Excel 表格，如图 12-4 所示。

用地现状表

一级地类编码	一级地类名称	二级地类编码	二级地类名称	面积平方米
03	林地	031	有林地	337715.67
03	林地	031	有林地	3726.56
03	林地	031	有林地	35089.45
03	林地	032	灌木林地	3097.40
03	林地	032	灌木林地	93.90
03	林地	032	灌木林地	420.83
03	林地	032	灌木林地	2045.94
03	林地	032	灌木林地	8976.62
03	林地	032	灌木林地	1048.66
03	林地	033	其它林地	15160.55
03	林地	033	其它林地	2307.06
03	林地	033	其它林地	8467.51
04	草地	041	天然牧草地	1504.03
04	草地	041	天然牧草地	9719.33

字高：4　　　　　　　绘表　导出到Excel　关闭

图 12-4　用地现状表

（4）土地利用限制因素

结合资料收集和实际调查，分析项目区的自然限制因素、农业设施限制因素、其他限制因素和解决措施。

4.2 新增耕地来源分析

（1）项目区新增耕地来源

分析新增耕地的来源、数量和分布特征，编制新增耕地来源表。

（2）新增耕地适宜性评价

项目区内通过开发、复垦等方式新增的耕地应进行土地适宜性评价。根据评价结果明确适宜的土地利用方式。

4.3 水土资源平衡分析

（1）可供水量分析

说明项目区现有灌溉水源和拟利用水源的类型、位置、取水方式、水量、灌溉范围等；说明水源地与项目区之间的现有及拟建输水工程情况等；分析确定可供项目区灌溉利用的水量。

（2）需水量分析

根据地区经济社会发展要求和供水情况，通过技术经济比较确定灌溉面积、种植结构、作物组成、轮作制度和耕地复种指数。

复核灌溉设计保证率；选定节水灌溉方式；确定灌溉制度，包括灌水定额、灌溉周期、灌水方式、灌水时间和灌水次数；核定灌溉水利用系数，计算项目区内灌溉需水量、农村生活和工业需水量。

（3）平衡分析

根据项目区供水量及需水量分析以及土方量分析的结果，分区进行水土资源平衡分析。

4.4 工程总体布置

本部分是核心内容，在阐明规划土地利用布局的基础上，阐明各类工程的数量与布局。

（1）总平面布置

对项目区土地利用、土地平整工程、灌溉与排水工程、田间道路工程、农田防护与生态环境保持工程和其他工程全面规划、统筹安排，确定土地利用布局和工程平面布置。

（2）土地利用布局

确定各类用地位置和面积，编制土地利用结构调整表，分析整理前后土地利用结构变化情况，计算新增耕地面积和新增耕地率。

菜单位置：用地划分>用地绘制

弹出用地绘制对话框，如图 12-5 所示，可通过"类别"下拉菜单，选择所需绘制的用地类别。

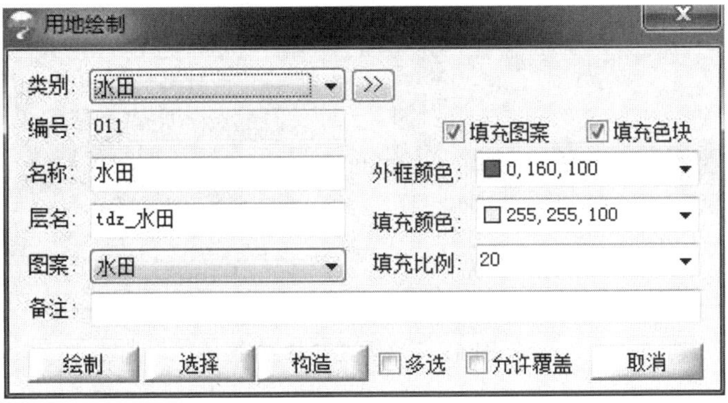

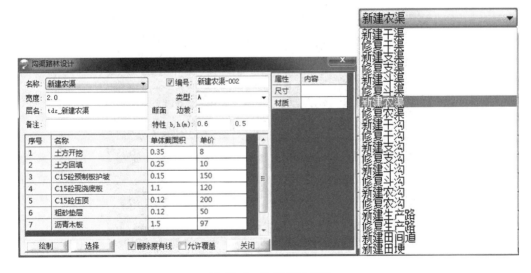

图 12-5 "用地绘制"对话框

（3）工程布局

包括土地平整工程、灌溉与排水工程、田间道路工程、农田防护及生态环境保持工程、其他工程等的工程类型、工程要求及布置，并统计各类工程的总体数量。

①工程布局

菜单位置：工程设计>沟渠路林设计

绘制农沟、农渠、支路、田间道、田埂、田坎等。

操作步骤：点击"功能"命令后，弹出对话框，通过选择所需绘制名称，进行绘制或选择图中原有线，如图 12-6 所示。

图 12-6 沟渠路林设计

②工程统计

统计各类工程的数量。

菜单位置：系统设置>沟渠路明细表设置

操作步骤：进入该菜单后就可对沟渠路明细表进行标准式、竖式、横式的设置，如图 12-7 所示。

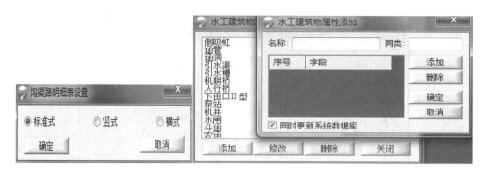

图 12-7　沟渠路林统计

4.5 工程设计

（1）土地平整工程

在项目区布设土地平整工程，进行田块设计，并进行土方平衡计算。

①田块设计

a. 等高线划分格田

菜单位置：格田设计>等高线划分格田

可绘制或选择闭合区域，根据输入相隔的等高线数量，按走向线进行等分绘制，如图 12-8 所示。

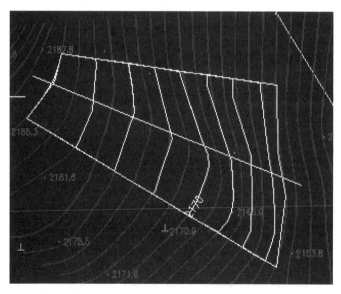

图 12-8　等高线划分格田

b. 等距离划分格田

菜单位置：格田设计>等距离划分格田

可绘制或选择闭合区域，根据输入等分的距离，按走向线进行等分绘制，如图 12-9 所示。

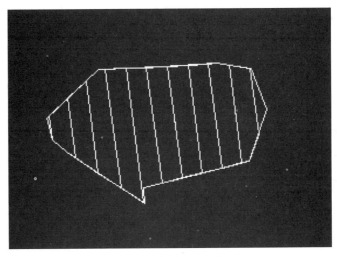

图 12-9　等距离划分格田

c. 等面积划分格田

菜单位置：格田设计>等面积划分格田

可绘制或选择闭合区域，根据输入等分的面积，按走向线进行等分绘制，如图 12-10 所示。

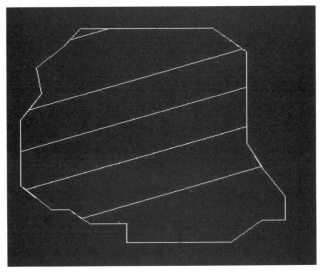

图 12-10　等面积划分格田

②土方计算

a. 方格网法格田批量整理

方格网法格田批量整理适用于较为平缓的地形。

菜单位置：格田整理>方格网法格田批量整理

通过设置设计高程，选择所需整理的格田进行批量整理，如图 12-11 所示。

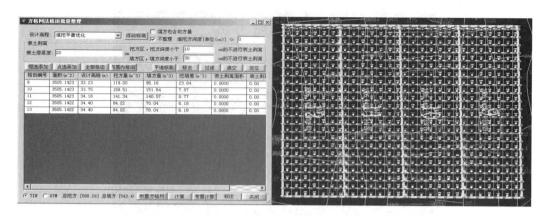

图 12-11   方格网法格田批量整理

b. 三角网法格田批量整理

三角网法格田批量整理适用于坡地丘陵地形。

菜单位置：格田整理>三角网法格田批量整理

通过设置设计高程，选择所需整理的格田进行批量整理，如图 12-12 所示。

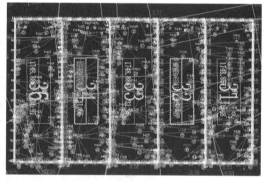

图 12-12   三角网法格田批量整理

（2）灌溉与排水工程

灌溉与排水工程包括水源工程、输水工程、喷微灌工程、排水工程、渠系建筑物工程、输配电工程。根据项目区规划进行设计，这里主要介绍沟渠纵横断面绘制的方法。

①绘制沟渠纵断面

菜单位置：纵横断面设计>绘制沟渠纵断面

弹出对话框，设置数据及出图属性，即可输出图件，如图 12-13 所示。

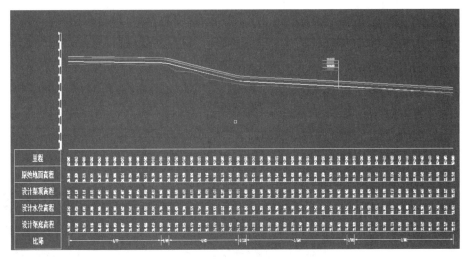

图 12-13 沟渠纵断面绘制图

②绘制沟渠横断面

菜单位置：纵横断面设计>绘制沟渠横断面

弹出对话框，设置沟渠断面参数属性，即可输出图件，如图 12-14 所示。设置时，点击"更多选项"，可设置垫层，设置填充材料、比例等参数，如图 12-15 所示。

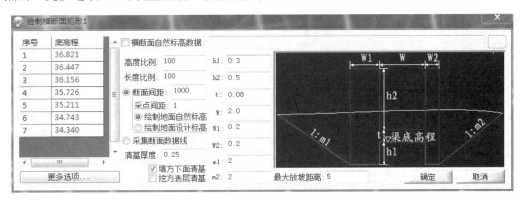

图 12-14 沟渠横断面设计图

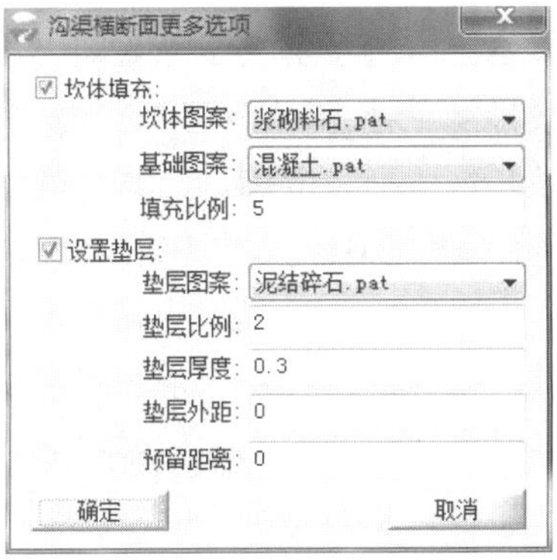

图 12-15 沟渠横断面更多选项

（3）田间道路工程

确定各级道路断面结构型式和地基处理措施，说明主要技术参数。统计各级道路长度，计算分项工程量。

①绘制道路纵断面

菜单位置：纵横断面设计>绘制道路纵断面

弹出对话框，设置数据及出图属性，即可输出图件，如图 12-16 所示。

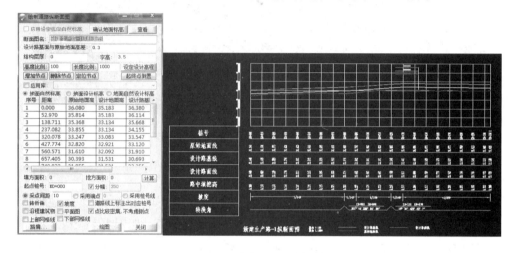

图 12-16　绘制道路纵断面

（4）农田防护与生态环境保持工程

依据农田防护林带和其他防治工程的布置方案，选择防护林树种，计算分项工程量。

附　录

1. 国外土地整治的发展

现代意义上的土地整治开始于 20 世纪二三十年代的欧洲，德国、法国、荷兰和苏联等国家先后开展了这项工作。第二次世界大战以后，随着工业化、城市化、信息化和全球化的速度加快，一些主要发达国家为了解决资源短缺、生态破坏、环境污染、乡村衰落等问题，通过土地整治有效推动了社会经济的发展、资源的合理利用、生态环境的保护以及乡村振兴。德国、荷兰、俄罗斯、美国、日本、韩国等国家的土地整治工作成效显著，具有一定的代表性。（田玉福，2014；袁中友，2012；郧文聚，2011）这些国家的土地整治积累了丰富的理论和实践经验，对我国相关工作的开展有较好的启示作用。其特点主要包括：（1）注重资源环境评价；（2）注重明确产权和确定相关利益主体；（3）注重以空间规划为引导；（4）健全法律法治保障体系；（5）有坚实的组织保证；（6）不断丰富国土整治内容；（7）注重维护生态景观；（8）注重复制欠发达地区的国土开发；（9）重视理论建设和培养专业科技队伍。（孟旭光，2003）

2. 我国土地整治的发展

我国历史上开展了各种类型的土地整治，例如为保障边疆稳定的移民屯田；为发展农业生产，治理洪涝灾害修建的郑国渠、都江堰等水利工程；为方便交通，促进货物运输，实施开挖运河、修建灵渠、修建驰道等工程。这些工程的建设加强了中央政府统治，改善了农业生产条件，促进了区域间的交流和工商业的发展，具有重要的军事、政治和社会经济意义。（严金明，2021）

近代，孙中山在《建国方略》中首次提出全国性的国土开发整治要求，提出修建10万英里（16万公里）的铁路，以五大铁路系统把中国的沿海、内地和边疆连接起来；修建100万英里（160万公里）的公路，让公路网遍布全国；开凿、整修全国的水道和运河，大力发展内河交通和水力、电力事业；在中国北部、中部及南部沿海各修建一个如纽约港那样的世界水平的大海港；修建三峡大坝，这是中国人首次提出三峡水利开发的设想。这是中国历史上第一个较为全面的国土开发与治理规划。

新中国成立至今，土地整治工作开展颇具成效，与我国的经济体制、管理体制、经济发展速度以及党和国家的方针、政策密不可分。在改革开放前（1949—1978年），土地整治的目标是经济建设，开展了大规模的开荒运动、农田水利基本建设等；改革开放初期到国土资源部成立之前（1978—1998年），土地整治工作主要针对建设无序、资源浪费、环境污染和生态环境破坏等问题，根据国家经济社会发展战略方向和总体目标，结合自然、经济和社会条件，制定国土开发整治方案；国土资源部成立之后（1998—2018年），资源环境与经济社会发展之间的矛盾更加尖锐，粮食安全、生态安全、区域发展不协调、城乡差距拉大等深层次问题更加突出，国土整治任务更加艰巨。国土资源部成立以来，先后组织开展了国土资源大调查、土地利用调查等工作，积累了丰富的基础资料，并积极开展了土地整治、地质灾害防治等相关工作，农业部、水利部、国家林业局等相关部门也开展了不同类型的土地整治工作，但是全国层面的国土综合整治工作仍处于探索阶段，还没有形成统一的管理（夏方舟，2018）；自然资源部成立以来（2018年至今），中国国土空间与资源利用形势发生了深刻变化，为了顺应新时代、解决新矛盾，国土空间利用方式应当从粗放式向可持续集约、注重人地和谐的高品质发展方式转变（韩博，2019），土地整治事业进入多元融合、综合发展新阶段，由自然资源部统一行使所有国土空间用途管制和生态保护修复职责，实现山水林田湖草整体保护、系统修复、综合治理。全面推进国土综合整治，是统筹山水林田湖草系统治理，实现人与自然和谐共生的总平台、总抓手，推动土地整治向国土综合整治转型发展。（贾文涛，2018）

第十三章　村庄规划实习方案

1. 目的、关键技能与准备

1.1 实习目的

　　村庄规划属于详细规划，是国土空间规划的重要组成部分。通过本实习，巩固与加深学生对土地专业所学相关知识的理解与认识，使学生掌握土地利用规划的相关内容和方法，实现村域范围内国土空间的优化调整，了解土地资源行政管理实际工作中的基本方法，掌握从事土地资源技术管理工作所需基本技能。培养学生资料分析、设计处理、意图表达的能力，训练综合考虑问题的思维方法，以及解决问题的能力、探究精神和综合实践能力。

1.2 关键技能

　　本实习涉及的基础技能：（1）遥感数据解译；（2）土地资源调查；（3）GNSS（全球卫星导航定位系统）；（4）地理信息系统；（5）地图制图；（6）适宜性评价和承载力评价等。

　　本实习学习的关键技能：（1）村庄现状调查及分析、问卷调查、实地调研；（2）村庄规划；（3）规划文本的编制；（4）规划图件制作。

1.3 资料准备

　　（1）软件准备：ArcGIS、Spss、ENVI、Fragstats；
　　（2）图件资料：某地区（村）遥感影像；
　　（3）数据（准备资料）：遥感影像图解译、经济社会资料、实地调研数据、问卷调查成果。

2. 实习任务

　　完成以下任务并编写规划报告：
　　（1）遥感影像图解译；
　　（2）现状图制作；
　　（3）资料收集与现状调查；
　　（4）问卷调查及数据分析；

（5）现状分析与评价；

（6）国土空间布局优化；

（7）村庄整治与生态修复；

（8）保障措施。

3. 实习相关基本原理和方法

3.1 生态空间格局分析原理及方法

村庄规划中可使用生态空间格局分析的方法对村庄生态空间的现状进行评价，并制定优化布局的方案。形态空间格局分析（Morphological Spatial Pattern Analysis，MSPA）和景观格局分析是较为常用的方法，其中，MSPA 侧重于分析景观连通性，景观格局分析侧重于对景观聚集度、连通性、破碎度等指标进行综合分析。

（1）形态空间格局分析

MSPA 能够识别目标像元集与结构要素之间的空间拓扑关系，并通过对几何形态的描述和分析，得到核心、斑块、孔隙、边缘、桥接、环道和支线等绿地（含水域）景观类型，作为村域景观空间形态格局分析的基础。基于村土地利用现状数据，利用 Guidos Toolbox 分析软件，对村庄绿地进行景观格局分析，得到规划前后绿地景观类型。

表 13-1　MSPA 景观类型及定义

类型	定义	生态学含义
核心（Core）	前景像素点远离背景像素点指定参数的区域合集。	有着相对完整的生态体系，适合生物生活交流的大型斑块。
孤岛（Islet）	与其他前景像素点没有联系且大小低于核心区最低值。	斑块较小且孤立，对于内部物种无法较好地进行物质交换。
孔隙（Perforation）	前景内部空洞，由背景像素点构成。	绿色景观内部的建设区，不具备生态效益。
边缘（Edge）	前景外部边缘，边缘宽度由指定参数确定。	核心绿色景观内部与非绿色景观交流过渡地带。
环道（Loop）	两边像素点连接同一个核心区。	给核心区内部的物质交换提供了更多的选择，增加了核心区的连通性。
桥接（Bridge）	两边像素点连接不同的核心区。	提供给不同核心区动植物迁徙及物质能量交换的通道。其数量的多少代表了连通程度的高低。
支线（Branch）	有且仅有一边像素点连接环道、边缘、桥接区。	绿色景观内物质能量能运动的最远区域。其增减体现了与非绿色景观区物质交换程度。

（2）景观格局分析

景观格局一般是指大小和形状各异的景观要素在空间上的排列和组合，包括景观组成单元的类型、数目及空间分布与配置等。基于景观格局指数从斑块与景观层次分析村域生态空间规划前后变化情况，有助于定量分析和评价规划效果。

1）斑块层次

回转半径（GYRATE）：等于斑块中每个单元与斑块质心之间的平均距离（m），范围是大于 0 的全部正数，它受到斑块尺寸和斑块密度的影响。

斑块周长（PERIM）：斑块周长（m）对景观连通性有影响，如可以决定景观中各种物种及其次生种的空间分布特征；对景观中各种干扰的蔓延程度有重要的影响，如某类斑块数目多且比较分散时，则对某些干扰（虫灾、火灾等）的蔓延有抑制作用。

蔓延度（CONTAG）：描述景观里斑块类型的团聚程度或延展趋势。蔓延度越大，表明景观中斑块形成的连接越好；反之，则表明景观的破碎化程度较高。计算公式见式 13-1，蔓延度取值范围为[0，100]。

$$CONTAG=\frac{\sum_{i=1}^{n}\sum_{k=1}^{n}\left(P_i\times\dfrac{g_{ik}}{\sum_{k=1}^{n}g_{ik}}\right)\left[\ln\left(P_i\right)\times\dfrac{g_{ik}}{\sum_{k=1}^{n}g_{ik}}\right]}{2\ln\left(m\right)}\times100\%\qquad（13-1）$$

式中，P_i 为 i 类型斑块所占的面积百分比；g_{ik} 为两类型斑块毗邻的数目；m 为景观中的斑块类型总数目。

2）景观层次

形状指数（LSI）：通过计算斑块形状与相同面积的正方形之间的偏离程度来衡量形状差异状况。形状指数值越大，说明斑块形状越不规则，斑块内部与外界接触的边界越长，与外界进行交换越频繁，斑块越离散，见式 13-2。

$$LSI=\frac{0.25E}{\sqrt{A}}\qquad（13-2）$$

式中，E 为景观中所有斑块边界的总边长；A 为景观总面积。

聚集度指数（AI）：每一种景观类型的连通性。聚集度指数值越小，景观越离散，见式 13-3。

$$AI=(\sum_{k=1}^{m}P_i\times\frac{g_n}{\max g_n})\times100\%\qquad（13-3）$$

式中，AI 表示斑块的聚集度指数，其取值范围为（0，100）。

结合度指数（COHESION）：斑块结合度指数在类型水平上度量相应斑块类型的物理连接度，见式 13-4。

$$COHESION=\left[1-\frac{\sum_{i=1}^{m}\sum_{k=1}^{n}P_{ij}}{\sum_{i=1}^{m}\sum_{k=1}^{n}P_{ij}\times\sqrt{a_{ij}}}\right]\times\left[1-\frac{1}{\sqrt{A}}\right]^{-1}\times100\%\qquad（13-4）$$

3.2 公共设施布局合理性分析原理及方法

可达性是评价公共服务公平性的一个重要指标，在村庄规划中，可以用于公共设施的布局优化。空间可达性测度方法主要包括核密度估计法、供需比法、最近距离法、重力模型法、累积机会测度和两步移动搜索法等。其中，核密度估计法是基于数据集密度的分析算法，可以计算要素在其周围邻域中的密度。其实质是基于样本数据的密度函数进行数据的聚类特征估计，是一种从数据样本本身出发研究数据分布特征的方法。核密度估计法易于实现且能较好地反映地理现象空间分布中的距离衰减效应，符合地理学第一定律，是最常用的热点分析方法。

核函数以西尔弗曼（Silverman）描述的四次核函数为基础，既可以计算点要素的密度，也可以计算线要素的密度，见式 13-5。

$$\begin{cases} Density = \dfrac{1}{(radius)^2} \sum_{i=1}^{n} \left[\dfrac{3}{\pi} \times pop_i \left(1 - \left(\dfrac{dist_i}{radius} \right)^2 \right)^2 \right] \\ For\ dist_i < radius \end{cases} \tag{13-5}$$

式中，$i=1, 2, \cdots, n$，为输入点。它们位于栅格像元中心的搜索半径范围内；pop_i 为 i 点的 population 字段值，它是一个可选参数；$dist_i$ 为点 i 和 (x, y) 位置之间的距离。

4. 操作步骤

4.1 资料收集

村庄规划编制需要收集的资料包括区位条件、自然资源条件、土地利用状况、人口和经济社会发展情况、历史文化、生态环境、相关调查数据、各类评价成果、各类规划成果。

4.2 现状调查

通过实地踏勘、问卷调查、座谈访谈，从村庄概况与特征问题、发展诉求和村情民意、自然生态和基础条件、经济社会发展水平、各类设施建设与服务情况、乡土风情与乡村风貌等方面进行研究区现状调查。

4.3 现状分析与评价

综合分析村庄经济社会发展和自然资源保护与利用状况，结合 SWOT 分析、空间数据分析、生态空间格局和公共设施可达性评价等，分析村庄发展的优势条件，找准村庄发展的短板与突出问题，为合理制定村庄规划奠定基础。

4.4 村庄规划

（1）目标与定位

明确村庄类型、村庄功能定位，确定村庄人口、经济、产业、国土空间开发保护等发展目标，落实耕地、永久基本农田、建设用地等控制性指标，因地制宜提出公共设施、基础设施、资源环境、人居环境整治等预期性指标，见表 13-2。

表 13-2　主要控制指标表

主要指标	单位	规划基期年	规划年目标	属性
人口规模	人			预期性
村庄建设用地规模	公顷			约束性
人均村庄建设用地	平方米/人			预期性
户均宅基地面积	平方米/户			预期性
闲置建设用地盘活利用率	%			预期性
耕地保有量	亩			约束性
永久基本农田保护面积	亩			约束性
村庄绿化覆盖率	%			预期性
人均公共服务设施建筑面积	平方米/人			预期性
人均活动健身场地面积	平方米/人			预期性
道路硬化率	%			预期性
生活垃圾收集率	%			预期性
农村卫生厕所普及率	%			预期性

（2）国土空间布局优化

落实上位规划确定的生态保护红线、永久性保护生态区域、永久基本农田保护红线划定成果，划定村庄建设用地控制线。统筹山水林田湖草和产业、交通、公共服务设施、市政基础设施等各类要素，明确生产、生活、生态相融合的空间布局，合理安排各类用地，制定国土空间用途管制规则。提出村庄各类建设用地用途、强度、高度等管控要求。对一时难以确定具体用途的建设用地，可以通过"留白"方式暂不明确规划用地性质，并绘制村域规划图、三生空间现状图。

（4）自然生态保护与修复

落实各类自然保护地、生态公益林、水源保护地、河流水库、湿地等生态空间的保护任务和要求。针对村域自然生态破坏、土壤污染等主要问题，明确生态修复的重点任务和具体措施，优化乡村水系、林网、绿道等生态空间格局，系统保护好乡村自然风光和田园景观，构建山水林田湖草相融合的自然生态网络。有条件的村庄应预留造林绿化空间，因地制宜开展乡村片林、景观通道、四旁绿化、乡村绿道等建设，逐步提高村庄绿化覆盖率。

（5）耕地和永久基本农田保护

落实永久基本农田和永久基本农田储备区划定成果，落实耕地保护任务，明确保护要求和管控措施。统筹安排农、林、牧、副、渔等农业发展空间，推动循环农业、生态农业发展。完善农业生产基础设施，保障设施农业和农业产业园发展合理空间，促进农业转型升级，并绘制永久基本农田现状图。

（6）农村产业融合发展

结合村庄资源禀赋、区位条件，以宜农、生态、绿色、低碳为原则，围绕农村居民致富增收，统筹谋划农村一二三产业发展，明确产业发展方向及重点，合理安排产业用地空间布局、用途和强度，保障农村新产业新业态发展用地，鼓励产业空间复合高效利用。引导工业向城镇产业空间集聚，除少量必需的农产品生产加工外，一般不在农村地区安排新增工业用地，并绘制产业规划发展图。

（7）农村住房建设

细化农村住房布局和管控要求，合理确定宅基地规模，划定宅基地建设范围，落实"一户一宅"政策，不能保障一户一宅的地区，应采取措施，保障村民户有所居。充分考虑当地建筑文化特色和居民生活习惯，因地制宜提出农村住房的规划设计要求。对农房节能、危旧房改造和建筑风貌提升等提出引导。

（8）公共服务设施配置

落实上位规划中确定的区域公共服务设施布局，依据人口规模和服务半径，合理确定村庄内行政管理及便民服务、教育、医疗、文化、体育、商业、社会福利等各类公共服务设施的位置、规模、强度和建设方式。

（9）基础设施建设

落实上位规划中确定的区域基础设施及相关防护要求。因地制宜提出村域内基础设施的选址、规模、标准等要求，并绘制道路交通规划图和基础与公共服务设施规划图。

（10）历史文化保护与乡村风貌塑造

切实加强乡村地区各级文物保护，深入挖掘乡村历史文化资源，划定乡村历史文化保护线，提出历史文化景观整体保护措施，做到应保尽保。遵循村庄空间肌理、街巷尺度，强化村庄整体景观风貌的规划和引导，塑造有历史记忆、文化脉络、地域特点的美丽乡村。

（11）村庄安全与防灾减灾

针对村域内地质灾害、洪涝、消防等隐患，划定灾害影响范围和安全防护范围，提出综合防灾减灾的目标以及预防应对措施，因地制宜提出人民防空建设要求。

（12）国土综合整治

合理制定全域国土综合整治方案，明确目标、重点任务和实施时序，统筹安排高标准农田建设、城乡建设用地增减挂钩、空心村治理、工矿废弃地复垦、土壤污染防治、"散乱污"用地整治等项目，并进行统计，见表13-3。整合村庄闲置、零散的建设用地资源，城乡建设用地增减挂钩应遵循先垦后用的原则，建设用地未经整理复垦的作为机动指标预留暂不予落图，待整理复垦验收后方可使用落图。

表 13-3　国土综合整治项目汇总表

项目区域	项目类型	建设规模（公顷）	占比
农用地整治区	高标准农田整治		
	农用地整治		
	……		

续表

项目区域	项目类型	建设规模（公顷）	占比
建设用地整治区	宅基地整治		
	废弃工业用地整治		
	……		
生态整治区	土地退化治理区		
	……		
合计			

（13）近期建设行动其他要求

提出近期急需推进的生态修复、国土综合整治、产业发展、基础设施和公共服务设施、农村人居环境整治、历史文化保护等项目，明确建设主体、项目规模、投资预算、建设方式和实施保障。

附件：村庄规划调查问卷

调查实施地区：_____

调查时间：_____年_____月_____日

调查员：_____

尊敬的先生/女士，您好：

我们是在校大学生，按照课程实践要求开展问卷调查，我们将以不记名方式进行。调查资料仅供完成课程作业使用，我们将对调查资料进行严格保密，感谢您的支持与参与！

一、基本信息

1. 性别：□男 □女　年龄：□18—25　□25—35　□35—45　□45—55　□55 以上

2. 您的文化程度：□小学及以下　□初中　□高中　□职校、中专
　　　　　　　　□本科（大专）及以上

3. 您的职业：□政府机关及企事业单位 □民营企业 □个体 □自由职业 □务农
　　　　　　□其他

4. 您的月收入水平：□800 以下 □800—1500 □1500—3000 □3000—5000
　　　　　　　　　□5000—8000 □8000 以上

5. 您家户籍人口_____人，其中 60 岁以上老人_____人，18 岁以下未成年人_____人；有劳动能力_____人，其中常住在家务农_____人，常年在外打工_____人，家庭常住人口_____人。上学子女_____人，总计每月教育支出_____元。

6. 是否为贫困户？　□是　□否

7. 您家庭的年收入是多少？

□小于 3 万元　　　　□3 万—8 万元　　　　□8 万—15 万元　　　　□15 万—20 万元

□20 万元以上

8. 家庭收入的主要来源是什么？（可多选）

□土地耕作　　□经营小本生意　　□在本地企业打工　　□外出务工　　□创办企业

9. 您的家庭月支出为＿＿＿＿＿＿＿元。

10. 主要支出有哪些方面？（可多选）

□子女上学　　　　□修建房屋　　　　□医疗支出　　　　□子女婚嫁

□维持生活　　　　□归还贷款　　　　□其他＿＿＿＿＿＿＿

二、农用地现状

1. 您家有＿＿＿＿＿亩耕地，其中水浇地＿＿＿＿＿亩；一共＿＿＿＿＿块地；＿＿＿＿＿亩园地；

＿＿＿＿＿亩林地；＿＿＿＿＿亩其他土地。主要种植作物为＿＿＿＿＿、＿＿＿＿＿、＿＿＿＿＿；

您每年在每亩耕地上投入＿＿＿＿＿元，每亩耕地为您带来的年收入为＿＿＿＿＿元。

2. 您家土地的主要经营方式是什么？（可多选）

□自家耕种农作物　　　　　　□自家种植果树等经济作物　　　　□承包给他人耕种农作物

□承包给他人种植经济作物　　□流转给企业　　　　　　　　　　□流转给村集体使用

□村民合作经营　　　　　　　□闲置或荒废　　　　　　　　　　□其他＿＿＿＿＿＿＿

若您的土地出租给个人，每年租金为＿＿＿＿＿元一亩。

若您的土地出租给企业，每年租金为＿＿＿＿＿元一亩。

3. 您认为需要如何加强农田建设？

□水利设施　　□机械化生产　　□改良土壤

□平整土地　　□营造防护林　　□改造坡地

4. 您是否愿意对农用地进行轮作休耕？　　□是　□否

三、宅基地情况

1. 您家有＿＿＿＿＿处宅基地，总面积为＿＿＿＿＿平方米。

2. 您家的宅基地是否有宅基地使用权证书？是否有房屋产权证书？

□有　　　　　　　　□没有　　　　　　　□正在办理

3. 您家宅基地利用方式是什么？（可多选）

□自己居住　　□作为住房出租　　　　□作为库房、厂房等出租　　　　□闲置

4. 闲置宅基地您是否愿意流转？　　　　□愿意　□不愿意

5. 闲置宅基地您是否愿意有偿退出？　　□愿意　□不愿意

四、土地承包经营与流转

1. 您是否愿意将农用地流转出去？　　□是　□否

若不愿意，您的担忧是什么？

□担忧收入无保障　　　□担忧失去土地　　　□担忧产生纠纷

□其他＿＿＿＿＿＿＿＿＿＿＿＿

2. 在当地农村土地使用权承包需要登记吗？

□需要　　　　　□不需要　　　　　□不知道

3. 当地解决土地承包纠纷的途径有哪些？

□当事人之间协调　　　　　　□中介组织调解

□村委会或乡人民政府调解　　□向农村土地承包仲裁机构申请仲裁

□向人民法院起诉

4. 在当地进行土地承包时是否签订书面的承包合同？

□是　　　　　　□不是　　　　　　□不知道

5. 对于本村荒地您有什么利用的想法？

6. 对于本村闲置厂房您有什么利用的想法？

五、基础设施建设

1. 请您为当地基础设施建设的满意度排序。

（1）环境卫生（2）医疗设施（3）交通设施（4）公共活动场所（5）排水设施

（高）_____（低）

2. 您认为需要改善哪些具体的基础设施建设（如修整道路、提升医疗等）？

3. 您认为村庄土地利用方面有哪些不合理（如公共设施的位置、工厂的位置等）？

六、村庄发展

1. 国家或当地扶贫政策是否让您收入增加？　　□是　□否

2. 目前，您所关注的问题有哪些？（可多选）

□物价水平　□就业问题　□子女教育　□福利保障　□建房问题

□精神文化生活　□环境污染　□农村环境问题　□农村医疗、文化等基础设施建设

3. 您认为下列产业发展方向，哪个比较适合当地情况？（可多选）

□农产品采摘观光　　　　□农副产品加工　　　　□特色农产品（水果等）销售

□继续发展农业,增加农产品产量　　□工业(哪种类型)_____　　　　□其他_____

4. 您认为所在村庄将来发展状况如何？

□受市中心发展的拉动，会逐步向城市化发展　　□与市区有一定差距，但仍在不断发展

□受周边农村发展的拉动，与城市发展的差距越来越大　□不确定

5. 您觉得村庄建设有什么不足之处？（可多选）

□产业发展不平衡，缺少科学的指导　□农业生产科技含量低、机械化程度有待提高

□农业生产缺乏资金投入　□缺乏对农民的补助

□资源的不合理利用　□土地的集约利用和整体规划

□农村环境建设和农民居住条件的提高　□其他_____

七、村庄特色

1. 当地有哪些特色农业耕种方式，可以产出高质量农业产品？

2. 村庄有哪些特色文化、特色事务？有哪些老物件（如碾盘、古井、老树、庙宇等）值得保留？

3. 村庄有什么让人印象深刻的民俗活动（如婚丧嫁娶、当地特色节日、休闲活动等）？

附　录

新时期的村庄规划

　　《中共中央　国务院关于建立国土空间规划体系并监督实施的若干意见》建立了"五级三类"的国土空间规划体系，明确了村庄规划的法定地位及编审流程。《自然资源部办公厅关于加强村庄规划促进乡村振兴的通知》（自然资办发〔2019〕35 号）进一步明确提出："村庄规划是法定规划，是国土空间规划体系中乡村地区的详细规划，是开展国土空间开发保护活动、实施国土空间用途管制、核发乡村建设项目规划许可、进行各项建设等的法定依据。"空间规划作为空间治理的重要基础，是提升国土空间治理能力和效率的重要政策工具。（严金明等，2017；许景权，2018）村庄规划作为乡村地区空间发展权的安排，是乡村空间治理的基本准则。（陈小卉等，2021）因此，村庄规划对于整体谋划新时代国土空间开发保护格局，促进国家治理体系和治理能力现代化，加快建立系统完善的生态文明制度体系，实施乡村振兴战略，促进城乡融合发展具有十分重要的意义。（蒋治国等，2023）

　　新时期，村庄规划的核心内容发生了根本性转变，以实施全域、全要素国土空间用途管制为重点，行使"乡村地区控制性详细规划"的职能，是现代化国家治理体系与治理能力向乡村地区有效延伸的空间手段。在乡村振兴背景下，乡村地区国土空间治理必须兼顾实用性与有效性，各地也积极开展了探索和实践。实用性的村庄规划要做到指标系统实用、治理策略实用和实施路径实用；有效的村庄规划要做到刚性传导有效、规划组织有效和蓝图动态有效。注重因地制宜的乡村建设实践，注重因时制宜的乡村治理重构，注重因人制宜的乡村新型经营组织培育，建构多元共生的空间系统并为乡村社会注入再生产能力。（季正嵘、李京生，2021）

　　在乡村空间治理过程中，村庄规划要放在国土空间规划体系中研究，落实县乡国土空间规划约束性要求，在修正空间数据偏差、摸清底数的基础上，落实"三线"成果，在村域范围内进行全要素的统筹优化，确定"三生"空间。根据村庄类型差异，对乡村耕地保护、生态保护、历史文化保护、产业发展、土地利用、公共服务、村庄建设等方面做出综合谋划和详细安排，同时要与相关的土地管理政策工具等做好衔接，以便于推动规划更好地落地实施。（袁源等，2020）同时，村庄作为民众日常生产、生活的基础场所，是促进基层治理、服务于人发展的基本单元。在这一层级规划中，尤其需要考虑村庄自身性质及人的需要，以实现乡村生活、生产、交往的地域空间和情感空间承载。因此，村庄规划应秉承"以人为本"的理念，在上位管控下充分满足村民的物质和精神需求。（刘悦忻等，2020）

第十四章　土地征收社会稳定风险评估实习方案

1. 目的、关键技能与准备

1.1 实习目的

土地征收社会稳定风险评估可以对影响社会稳定的隐患，采取针对性措施，化解矛盾、防范风险，从源头上预防不稳定事端的发生，确保最广大人民群众的切身利益得到保障，维护社会和谐稳定，保障和促进项目土地征收顺利实施。通过对项目土地征收进行社会稳定风险评估，让学生熟悉土地管理法律法规，熟悉土地征收程序。培养学生树立以人民为中心的价值立场，以及严谨求实、细心细致、认真负责的工作态度。

1.2 关键技能

本实习涉及的基础技能：（1）遥感数据解译；（2）土地利用现状调查；（3）地理信息空间分析；（4）地图制图。

本实习学习的关键技能：（1）掌握风险调查过程与方法；（2）掌握风险评估定性与定量方法。

1.3 资料准备

（1）软硬件准备：手持 GPS、ArcGIS；
（2）图件资料：大比例尺地形图或大比例尺正射影像图。

2. 实习任务

（1）征地程序核查；
（2）土地征收合理性核查；
（3）土地征收可行性评估；
（4）社会稳定风险评估。

3. 实习相关基本原理和方法

3.1 基本原理

按照准确、客观、公正、实效的原则，对可能出现的影响因素进行评估。

（1）是否符合有关法律、法规、规章和政策规定。

（2）是否经过严谨科学的可行性研究论证，是否考虑项目涉及各方的综合因素，实施时机和条件是否成熟，并遵循公平、公平原则，履行了征询意见、公示、听证等程序。

（3）是否给所涉及群众的生产、生活带来较大的影响，有引发群众大规模集体上访或群体性事件的风险。

（4）是否能通过法律和政策途径，妥善解决群众提出的合理异议和诉求。

（5）是否能依据法律和政策，化解消除群众可能提出的不合理诉求，最终取得大部分群众的理解和支持。

（6）是否对出台的群众补偿、安置、保障等政策进行事前调研论证。

（7）是否掌握房屋征收项目的补偿资金、安置房源的筹措情况，是否落实了低收入住房困难家庭的保障措施。

（8）房屋征收范围内被征收人对房屋征收项目实施的满意度情况，补偿标准和方式是否与同类地区、同一时点的项目存在明显的差别，是否存在影响社会稳定的风险。

（9）有可能引发不稳定的其他方面因素。

3.2 评估程序与方法

（1）评估概要

土地征收（转）社会稳定风险评估主要是对拟征转地块用地涉及的土地征转工作开展分析、评估与论证，根据实际情况，采取公示、问卷调查、座谈会、实地走访等方式听取当地政府、相关部门及被征地涉及的利益相关体的意见，对拟建项目实施的土地征转工作开展的合法性、合理性、可行性、可控性，可能引发的社会稳定风险，各方面意见及其采纳情况等进行评估，提出风险防范和化解措施以及应急处置预案等，得出风险评估结论，为项目决策提供依据。

（2）评估程序

1）成立评估小组

评估小组由项目所在地人民政府牵头，项目所在地政法委、项目所在地发展改革委、项目所在地信访办、项目所在地司法局、项目所在地政务服务办、项目所在地规划资源局、专业评估机构、专家学者、群众代表组成。

2）制定评估工作方案

由评估方拟定征转土地社会稳定风险评估工作方案，明确具体要求和工作目标。

3）项目委托及收集和审阅相关资料

接受评估委托后，与项目所在地规划资源局进行沟通，全面收集并认真审阅涉及本次土地征转社会稳定风险评估相关资料，主要包括以下文件：国家和地方相关法律、法规和政策；项目申请报告及拟建项目前期审批相关文件，包括发改、规划资源、环境生态、农委等部门出具的立项、规划选址、环境影响评估等意见或文件；相关规划与标准规范；同类或类似项目决策风险评估资料等。

4）组织现场踏勘与调查，充分听取意见

在拟征转地块周边人群密集区张贴公告、进行公示，尽可能使相关利益者获知项目实施情况；同时，对拟征转地块及其周边环境进行现场踏勘，摸清项目周围情况，采用现场问卷调查、走访、座谈等相结合的方式，对拟征转地块进行风险因素排查，征求被征地农民的诉求和意见，获取涉稳方面的一手资料。同时，由评估主体组织所在区的发改、规划资源、司法、政务服务办等相关部门召开座谈会，向相关部门了解对拟建项目的要求和意见。此过程主要采用公示访谈法。

5）全面分析论证

分门别类梳理各方意见，参考相同或类似项目引发社会稳定风险的情况，重点围绕拟征转土地过程中实施的合法性、合理性、可行性和可控性进行客观、全面分析，全面排查拟征转土地过程中可能产生的负面影响和风险因素。

6）确定风险等级

在综合考虑各方意见和全面分析论证的基础上，对评估的防范、化解风险措施和应急预案后的预期风险等级评判结论提出咨询评估意见，参照《国家发展改革委重大固定资产投资项目社会稳定风险评估暂行办法》（发改投资〔2012〕2492 号）的风险等级评判标准，对拟建项目的社会稳定风险做出客观、公正的评判，确定项目社会稳定风险的等级。

7）制定化解和防范措施

针对排查的主要涉稳问题，会同评估主体、评估小组、用地申请单位，制定切实可行的化解和防范措施，保证最大限度地减少涉稳因素，最大程度地降低涉稳因素的强度。

8）编制评估报告

在综合考虑各方意见和全面分析论证的基础上，依据国家和地方项目社会稳定风险等文件要求，对各个涉稳风险因素在采取化解和防范措施后的涉稳风险程度进行评估预判，确定风险等级，编制社会稳定风险评估报告。

9）组织专家召开评估论证会

由评估主体组织召开该项目社会稳定风险评估论证会，邀请专家学者，梳理各方意见，参考类似项目引发社会稳定风险的情况，重点围绕土地征转合法性、合理性、可行性、可控性进行客观、全面的评估论证；对土地征转涉及的社会调查、风险识别、风险估计、风险评判、风险防范和化解措施等内容逐项进行评估论证，特别是对风险因素、风险发生概率、可能引发矛盾纠纷的激烈程度和持续时间、涉及人员数量、可能产生的各种负面影响以及相关风险的可控程度进行评估论证。

采用的主要方法有对照表法、专家调查法、加权平均法、定性与定量相结合等。

10）审查备案

根据专家意见修改完善后，按程序报送项目所在地政府审查。项目所在地政府依法做出"实施""部分实施""暂缓实施"或"不实施"的决定。

项目所在地政府做出决定后，将评估报告盖章报送至项目所在地规划和自然资源局及项目所在地人民政府备案。

（3）评估方法

根据项目的实际情况，采取调查问卷、现场踏勘与走访相结合、座谈会、定性与定量相结合等评估方法，调查征地工作落实情况，了解土地征转涉及农民的态度及诉求，识别可能存在的社会稳定风险因素，及时采取防范措施。

1）调查问卷

针对项目土地征转涉及的村民和单位，以问卷的形式对其基本情况、当前生活水平、对征地的认识和支持程度以及对本次土地征转的意见、建议或者诉求等进行调查，获取涉稳方面的一手资料。

2）现场踏勘与走访相结合

在项目征地公告公示期间组织项目作业人员深入现场及项目周边进行现场踏勘，了解被征转土地利用现状情况及周边环境状况等信息。同被征地农民以及周边村民进行访谈，了解村民关于本项目的意见建议。

3）座谈会

围绕土地征转对当地经济与社会的影响，实施中存在的风险，对土地征转的态度和意见、建议和诉求等问题与项目所在地政法委、项目所在地发展改革委、项目所在地信访办、项目所在地司法局、项目所在地政务服务办、项目所在地规划资源局、专业评估机构等相关部门的相关领导或工作人员及专家学者、群众代表进行座谈及研讨，并出具会议纪要，请参会人员签到。

4）定性与定量相结合

定性分析的目的在于通过归纳、演绎和综合分析，对研究对象进行综合性的分析，从而揭示研究对象的本质及内在联系。定量分析的目的在于对评价对象的特征、关系以及变化进行分析，从而量化地揭示评估内容之间的相互关系和未来的发展方向。

4. 操作步骤

4.1 现场调研及现场踏勘

对选址位置进行现场实地考察，现场重点考察内容包括项目选址现状及周边自然环境、项目占用土地资源情况、被征收人情况等。

4.2 收集相关资料

通过项目建设单位、项目所在地相关单位等多种渠道，广泛搜集、分析研究相关的文献资料，重点包括政策性文件、规划和实施意见以及建议书批复等前期审批文件；调查项目周边的自然和社会环境情况；大众媒体、网络媒体对项目的开发建设所持态度和意见、建议；类似项目的社会稳定风险事件等。

4.3 公示公告

公开栏张贴"某工程征收土地社会稳定风险评估公众参与公告"，公示期 10 个工作日，广泛征求群众意见。

4.4 问卷调查过程及调查问卷分析

（1）设计调查问卷并实地调查

针对项目所在地被征收农民对项目征收相关问题设计调查问卷（见本章附录）。

调查问卷总数遵循代表性和经济性原则，能反映样本中重点调查对象的特征。在总体样本量很大时，最小样本量与总数已无必然联系，而主要受到误差和置信水平的影响，基于此，可按照随机抽样样本数的基本公式计算样本数。

（2）调查问卷分析

①村委会意见分析

村委会意见采取实地访谈的方式征求意见，可附访谈照片。

②村民对征地的认识和支持程度

③项目实施期间及竣工后对村民的影响

④意见、建议或者诉求反馈情况

4.5 媒体舆情

舆情收集主要是在各大网站、新闻报纸等媒体，通过项目征地关键字查询征地所在区域的舆论情况，包括与本项目有关的正面及负面信息。同时通过电话以及网络咨询信访办、派出所等部门调查相关村镇以往是否有类似案件发生。

4.6 征询专家意见

征询项目管理、社会管理、法律、自然资源管理、维稳、信访等方面的专家意见，合理分析征地社会稳定风险，识别出项目征地工作中可能发生的风险因素，从总体评判标准、预测可能引发风险的事件，分析征地风险发生的概率，确定征地风险发生影响程度、综合风险指数及风险等级。

4.7 风险识别

（1）征地风险因素识别

本次评估工作在风险调查的基础上，综合运用主、客观风险因素识别方法，建立征地项目的初步土地征转社会稳定风险因素清单。

1）生活水平风险

该风险类型的风险因素主要为降低生活水平，对于以务农为主要生活来源的农户来说，征地补偿标准若偏低，客观上将难以对农民群体的就业、住房等起到保障作用，造成难以保障实际生活水平的风险。

2）心理预期风险

该风险类型的风险因素主要为达不到农民的满意度，补偿安置方案计算不公开、不合理，甚至不听取利益相关者的意见，决策者单方面决定征地补偿安置方案，致使被征地农民不知情、不认可补偿方案。

3）行政与管理风险

①权益得不到保障

征地相关部门和人员，如乡（镇）政府、村委会及少数干部的行为失范，截留、挪用、私分土地征转补偿款等贪污腐败行为发生，使农民的合法权益受到侵犯。

②征地补偿落实不到位

征地相关部门工作效率低下，导致补偿资金不能足额、及时到位，使征地补偿方案得不到有效落实。

③管理成效低下

地方政府对征地纠纷与冲突的管理缺乏成效，发生群众上访，甚至暴力抗议等事件。

4）公众参与风险

该风险类型的风险因素主要为征地告知不明确，补偿安置方案计算不公开、不透明，甚至不听取利益相关者的意见，决策者单方面决定征地补偿安置方案，导致行政过程不透明。

5）建设风险

该风险类型的风险因素主要为建设环境的影响，拟征转地块的所在地满足项目建设要求情况，其建设的可行性。

6）环境风险

该风险类型的风险因素主要为对环境的不良影响，项目建设过程中是否会对周围环境或对农村居民生产生活造成不良影响。

（2）客观风险因素识别

项目客观风险因素识别采用工作分解结构法，将土地征转全寿命周期按工作程序分解至最基本的工序，再对每道工序可能遭遇到的社会稳定风险因素进行逐一识别。如表14-1所示。

表 14-1 客观风险因素识别表

序号	征地工作程序	工作内容	风险因素
1	申请土地征转	用地单位或整理储备机构持有关材料向区规划和自然资源分局提出用地申请。	
2	审核和受理	区规划和自然资源分局对申请材料进行审查。	项目不符合政策、规划等的政策风险
3	拟定征地补偿标准、安置方案	核定需要安置的农业人口和劳动力的数量，拟定安置途径，区规划和自然资源分局测算被征地单位的征地补偿费，通知申请用地单位办理征地补偿费预存手续，办理被征地农民社保手续。	落实补偿安置
4	征转土地告知	将土地征转方案以书面形式告知被征地农村集体经济组织和农户。	征地告知
5	征转土地确认	对拟征土地现状调查结果与被征地对象和地上附着物产权人共同确认，对于在发布公告后抢建抢栽抢种的不予确认。	抢栽抢种风险
6	组织听证	多数被征地的农村集体经济组织成员认为征地补偿安置方案不符合法律、法规规定的，县级以上地方人民政府应当组织召开听证会，并根据法律、法规的规定和听证会情况修改方案。	利益诉求表达
7	组卷上报	区规划和自然资源分局组织听证或放弃听证后拟定建设用地项目呈报材料"一书四方案"，报区人民政府审核。	
8	审查报批	当地人民政府报上一级规划和自然资源局审查。	
9	用地批复	审查通过后，通知相关单位和部门按规定标准和时限缴纳新增建设用地土地有偿使用费，收批件后凭缴费证明办理用地批复手续。	落实补偿安置
10	批后公告	区规划和自然资源分局收到用地批准后在被征地乡（镇）、村内显著位置以书面形式张贴征转土地方案公告，同时在区规划和自然资源分局政务网公告。	征地告知
11	拟定和报批征地补偿、安置方案	区规划和自然资源分局会同有关部门根据经批准的征转土地方案，在征转土地公告之日起 45 日内以被征地的所有权人为单位拟定征地补偿、安置方案；征地报批前已履行告知、确认和听证程序并完成土地权属、地类、面积、地上附着物和青苗等确认以及补偿登记的，可在征地报批的同时会同有关部门拟定征地补偿、安置方案。	落实补偿安置

序号	征地工作程序	工作内容	风险因素
12	实施征地补偿、安置方案	区规划和自然资源分局在征地补偿、安置方案经区人民政府批准之日起 30 日内，将征地补偿费拨付给被征地的农村集体经济组织或者村民委员会。被征地集体经济组织或村委会应当在 60 日内，按照征地补偿、安置方案将征地补偿费支付给农户，并将收支状况张贴公布。	权益保障

（3）风险识别表

综合上述风险因素识别，经整合、归类，汇总出本项目的土地征转社会稳定风险类型及因素，详见表 14-2。

表 14-2　风险识别表

序号	风险类型	风险因素	利益相关者
1	生活水平风险	降低生活水平	被征地农民
2	心理预期风险	农民满意度	被征地农民
3	行政与管理风险	管理成效	被征地农民、征地实施主体
		政策风险	征地实施主体
		抢栽抢种	被征地农民
		落实补偿安置	被征地农民
		权益保障	被征地农民
4	公众参与风险	征地告知	被征地农民
		利益诉求表达	被征地农民
5	建设风险	建设影响	被征地农民、征地实施主体
6	环境风险	环境影响	被征地农民、征地实施主体

经主、客观两方面识别出的风险因素，初步归纳、整合出生活水平风险、心理预期风险、行政与管理风险、公众参与风险、建设风险和环境风险 6 大类风险类型和 11 种土地征转工作过程中可能存在或潜在的风险因素。

4.8　确定风险等级

根据风险论证情况，按照决策实施后可能对社会稳定造成的影响程度确定风险等级。风险等级分为高风险、中风险、低风险 3 类。大部分群众有意见、反映特别强烈，可能引发大规模群体性事件的，为高风险；部分群众有意见、反映强烈，可能引发矛盾冲突的，为中风险；多数群众理解支持但少数人有意见的，为低风险。

（1）确定风险因素权重

本项目采用特尔菲测定法与层次分析法相结合确定风险因素权重。特尔菲测定法是对各偏估计指标进行多轮次的专家打分，并按式 14-1 计算权重值：

$$W_i = E_j / 100 \tag{14-1}$$

式中，W_i 是第 i 个目标或指标的权重；E_j 是第 j 个目标或指标经过多轮打分后的均值。

项目风险因素权重确定结果如表 14-3 所示。

表 14-3　风险因素权重表

风险类型	风险类型权重	风险因素	风险因素权重
心理预期风险		农民满意度	
		抢栽抢种	
行政与管理风险		落实补偿安置	
		权益保障	
公众参与风险		征地告知	
		利益诉求表达	

（2）不同等级分值

将风险影响划分为 5 个程度（很小、较小、中等、较大、很大），等级值 R 按影响由小至大以 0.2、0.4、0.6、0.8、1.0 为分界点，如表 14-4 所示。

表 14-4　风险等级表

序号	风险影响程度	风险影响等级（R）
1	很小	$0 < R \leq 0.2$
2	较小	$0.2 < R \leq 0.4$
3	中等	$0.4 < R \leq 0.6$
4	较大	$0.6 < R \leq 0.8$
5	很大	$0.8 < R \leq 1.0$

（3）风险发生概率及影响程度

1）心理预期风险

本项目心理预期风险即农民对征地补偿安置方案的满意度，主要体现在补偿安置标准偏低，无法令被征地农民满意。

2）行政与管理风险

①抢栽抢种

抢栽抢种风险主要体现在发布征地公告后抢栽抢种的现象。

②落实补偿安置

落实补偿安置风险主要体现在对被征地村集体的补偿安置的时效性和合理性上。

③权益保障

权益保障风险主要体现在征地相关部门和人员，如乡（镇）政府、村委会及少数干部的行为失范，截留、挪用、私分土地征转补偿款等贪污腐败行为发生，使村民集体的合法权益受到侵犯。

3）公众参与风险

①征地告知风险

征地告知风险主要体现在未将补偿安置方案计算过程或经批复后的征地补偿方案告知村民，决策者单方面决定征地补偿安置方案，导致行政过程不公开、不透明。

②利益诉求表达

利益诉求表达风险主要体现在征地工作实施相关部门不组织听证，不听取利益相关者的意见，导致村民合理诉求和意见无法表达。

表 14-5　风险概率及影响程度汇总表

风险类型	风险因素	风险发生概率	风险影响程度等级
心理预期风险	农民满意度		
行政与管理风险	抢栽抢种		
	落实补偿安置		
	权益保障		
公众参与风险	征地告知		
	利益诉求表达		

（4）风险因素风险值确定

1）风险因素风险值计算

各风险因素分值按照式 14-2 计算：

$$S_i = P_i \times R_i \qquad (14-2)$$

式中，S_i 是 i 风险因素分值；P_i 是 i 风险因素发生概率；R_i 是 i 风险因素影响程度。

2）风险因素风险值确定

根据式 14-2，本项目风险因素风险值确定如表 14-6 所示。

表 14-6　风险因素风险值确定表

风险类型	风险因素	风险发生概率（P）	风险影响等级（R）	风险因素风险值（S）
心理预期风险	农民满意度			
	抢栽抢种			
行政与管理风险	落实补偿安置			
	权益保障			
公众参与风险	征地告知			
	利益诉求表达			

（5）风险程度得分

依据每项指标的权重，计算各风险类型得分和风险程度得分。各风险类型得分按照式 14-3 计算：

$$F_i = \sum_{n=1}^{n} (F_j \times W_i) \tag{14-3}$$

式中，F_i 是 i 风险类型的风险程度分值；F_j 是 j 风险类型中各风险因素的风险；W_j 是 j 风险类型中各风险因素相对 j 风险类型的权重值；n 是指标个数。

风险程度综合分值按照式 14-4 计算：

$$F = \sum_{n=1}^{m} (F_j - W_j) \tag{14-4}$$

式中，F 是风险程度综合分值；F_j 是 j 风险类型的风险程度分值；W_j 是 j 风险类型的权重值；m 是目标个数。

表 14-7　风险程度得分表

风险程度得分	风险类型	风险类型得分	风险因素	风险因素风险值
	心理预期风险		农民满意度	
			抢栽抢种	
	行政与管理风险		落实补偿安置	
			权益保障	
	公众参与风险		征地告知	
			利益诉求表达	

4.9　提出拟评估结论

评估报告包括评估事项和评估过程、各方意见及其采纳情况、决策可能引发的社会稳定风险、风险评估结论和对策建议、风险防范和化解措施以及应急处置预案等内容。

4.10 风险预案设计

根据评估中可能的风险，设计项目风险防范预案，包括风险防范领导小组设置及风险防范组织职责、职能设置等。

附　录

社会稳定风险评估公众调查问卷

姓名：　　　性别：

年龄：□ 18—35　　□ 35—50　　□ 50 以上

在村两委任职：_____　联系电话：_____

1. 您是否知道本项目征地？　□ 知道 □ 听说过，但是不清楚 □ 不知道

2. 您是如何了解到本项目征地的？

□ 政府有关部门宣传 □土地征收公告信息 □ 新闻媒体、报刊宣传等 □听他人说的

3. 本次征地完成后村民的生活水平有何变化？　□ 提高了 □ 无变化 □ 降低了

4. 您是否支持本项目征地？　□ 支持 □一般支持 □ 不支持

5. 村委会的房屋是否完成拆迁？　□ 是 □ 否 □ 一部分

6. 您对土地补偿标准是否同意？　□ 同意 □ 一般 □ 不同意

7. 您对于本次征地所担心的问题是什么？

□ 征地补偿标准较低 □ 补偿措施或社会保障难落实 □ 征地过程中权益被侵犯

8. 在征地过程中村民的权益没得到落实，您会怎么做？　□ 帮助村民使用法律手段
□ 保持沉默 □ 帮助村民到镇政府协调沟通 □ 其他

9. 您对镇政府及上级部门政府工作持何种态度？　□ 支持 □一般支持 □ 不支持

10. 您认为该项目在实施期间对交通出行和生产生活是否有影响？

□ 影响很大 □ 无影响 □ 有一些影响，但可以克服

11. 您认为该项目建设最容易引起群众不满的因素是什么？

□ 征地拆迁 □ 施工扰民 □ 交通干扰

12. 您认为该项目对本地区经济社会发展的促进作用如何？

□ 能较大促进本地区域发展 □ 有一定促进作用 □ 不能促进本地区域发展

13. 您是否希望本项目能够尽快实施？　□ 希望 □ 无所谓 □ 不希望

14. 总体来说，您对该项目的态度是什么？　□ 支持 □ 一般 □ 反对

15. 您对该项目有何其他意见和建议？

第十五章　土地征收成片开发实习方案

1. 目的、关键技能与准备

1.1 实习目的

通过练习编制土地征收成片开发方案、国民经济和社会发展规划、国土空间规划，结合市域发展，在科学预测未来年度城镇开发建设用地需求的基础上，合理确定成片开发范围，有序安排开发建设项目，合理配套基础设施、公共服务设施及公益性用地，充分征求和听取集体经济组织和农民的意见，建立土地征收成片开发数据库，编制成片开发方案，并纳入国民经济和社会发展年度计划，实现优化城市空间格局、提升城市内涵品质和综合承载力、营造绿色宜居生态环境目标。

1.2 关键技能

本实习涉及的基础技能：（1）遥感数据解译；（2）土地利用现状调查；（3）地理信息空间分析；（4）地图制图；（5）土地征收相关法律法规理解与解读。

本实习学习的关键技能：（1）掌握土地征收成片开发编制过程；（2）掌握土地征收成片开发编制方法。

1.3 资料准备

（1）软硬件准备：手持 GPS、ArcGIS；

（2）图件资料：大比例尺地形图或大比例尺正射影像图。

2. 实习任务

通过实习确定被征收地块是否满足成片开发要求、公益用地比例是否满足要求、征地程序是否合法、土地征收是否合理、土地征收是否可行，并完成土地征收成片开发方案编制。

3. 实习相关基本原理和方法

3.1 基本原理

　　坚持新发展理念，以人民为中心，注重保护耕地，注重维护农民合法权益，注重节约集约用地，注重生态环境保护，促进当地经济社会可持续发展，坚持"盘活存量、用好增量、严控总量"的原则，统筹考虑城镇建设用地规模、土地利用年度计划、集体建设用地入市、耕地占补平衡、批而未供及闲置土地处置、节约集约用地水平等情况，合理确定土地征收成片开发范围，科学编制土地征收成片开发方案。

3.2 方法

　　（1）对拟征收项目进行土地调查

　　科学利用土地调查方法开展项目土地基本状况调查，包括对成片开发项目范围、成片开发项目内用地权属情况、与"三区三线"等生态环境管控分区衔接情况、与土地利用总体规划衔接情况、与城市总体规划衔接情况以及成片开发项目与相关规划衔接情况等的调查。

　　（2）成片开发合规性、可行性分析

　　分析该项目是否符合国土空间规划、是否涉及基本农田、是否存在大量批而未供或者闲置土地、公益性用地占比是否均不低于40%，以及方案实施保障措施是否健全。

　　（3）定性评估与定量评估相结合

　　定性分析的目的在于通过归纳、演绎和综合分析，对研究对象进行综合性的分析，从而揭示研究对象的本质及内在联系。定量分析的目的在于对评价对象的特征、关系以及变化进行分析，从而量化地揭示评估项目社会、经济和生态效益。

4. 操作步骤

4.1 收集相关资料并评估项目基本情况

　　通过项目建设单位、项目所在地相关单位等多种渠道，广泛搜集、分析研究相关的文献资料，重点包括成片开发项目位置、面积和范围，成片开发项目内用地权属情况，现场踏勘情况，基础设施与选址适应性等。

　　（1）位置、面积和范围

　　包括项目所涉及规划单元基本情况、成片开发区域基本情况等，见表15-1。

　　（2）土地利用现状

　　对项目区土地利用现状调研、识别后统计结果，见表15-2。

表 15-1　土地征收成片开发方案基本情况表

序号	名称		单位	数值	备注
一	基本情况				
1	成片开发片区名称				
2	成片开发位置		四至:		
3	成片开发范围面积		公顷		具体面积以勘测定界技术报告为准
4	成片开发征收面积		公顷		
5	成片开发权属性质	国有	公顷		
		集体	公顷		
6	成片开发土地利用现状情况		公顷		农用地
			公顷		建设用地
			公顷		未利用地
7	耕地面积及占成片开发面积的比例		公顷		
二	拟安排的建设项目				
1	拟建设项目情况				
2	征收实施周期		年		
三	其他				
1	是否符合国土空间规划				
2	是否纳入国民经济和社会发展规划、年度计划				
3	公益性用地比例		%		
4	是否占用永久基本农田、生态保护红线				
5	拟安排新增建设用地年度计划和耕地占补平衡情况				
6	土地利用效率				
7	年度土地储备计划和预算管理情况				
8	农村集体经济组织召开的村民会议中的村民或村民代表会议中的代表村民同意比例		%		
9	已批准土地征收成片开发方案实施情况				

表 15-2 土地利用现状统计表

地类			成片开发范围			
			面积（公顷）			占比（%）
			小计	其中		
				国有土地	集体土地	
农用地	农用地					
	耕地					
	其中	...				
	种植园用地					
	其中	...				
	林地					
	其中	...				
	其他农用地					
	其中	水域及水利设施用地				
		其中 坑塘水面				
		...				
		其他土地				
		其中 ...				
建设用地	建设用地					
	商业服务业用地					
	其中	...				
	工矿用地					
	其中	...				
	住宅用地					
	其中	城镇住宅用地				
		农村宅基地				
	公共管理与公共服务用地					
	其中	...				
	公园与绿地					
	交通运输用地					
	其中	公路用地				
		...				
	其他土地					
	其中	空闲地				
未利用地	未利用地					
	其中	...				
合计						100.00

说明：表中"..."指项目各地类下的各二级地类，可视具体情况增加或减少。

（3）土地权属情况

根据项目所在区基本状况，调查后统计结果，见表 15-3。

表 15-3　土地权属统计表

权属性质	权属名称		面积（公顷）
集体			
小计			
国有			
小计			
用地总规模			

（4）现场调研及现场踏勘

首先对选址位置进行现场实地考察，现场重点考察内容包括项目选址现状及周边自然环境、项目占用土地资源情况、被征收人情况等。

（5）基础设施条件

本方案片区所在区域在交通条件、给排水条件、燃气条件、供电条件、通信条件、供气条件、供热条件以及环卫设施等方面是否具备一定的基础设施条件，能够满足成片开发需求。

（6）选址适宜性

确定方案是否占用永久基本农田、生态保护红线及项目所在地区永久性保护生态区域；是否涉及该地区《建设用地土壤污染风险管控和修复名录》中地块；是否涉及该地区及全国重点文物保护单位中文物保护单位；是否有重要工业价值矿产资源；项目所在地是否涉及突发性地质灾害、是否涉及地下水开采等情况。

依据以上分析明确选址适宜性。

4.2 项目必要性分析

分析项目是否适应国民经济和社会发展需要，落实城市规划。项目的实施是否能改善人居环境，增进民生福祉；是否能增添城镇活力，促进产城融合。

4.3 政策性分析

（1）国土空间规划

根据项目所在地国土空间规划和项目所在地块控制性详细规划，分析项目是否符合项目所在地国土空间规划。

（2）国民经济和社会发展规划、年度计划

对照项目所在地区国民经济和社会发展规划、年度计划，研判项目是否符合所在地国民经济和社会发展规划、年度计划。

（3）公益性用地比例

根据项目所在地基础设施、公共服务设施以及其他公益性用地依据，统计道路与交通设施用地、绿地与广场用地、公共管理与公共服务用地、居住用地中的服务设施用地以及其他公益性用地，形成公益性用地构成一览表（见表15-4）和公益性用地示意图。

表 15-4   项目区公益性用地构成一览表

序号	名称	用地规模（公顷）	占片区比例（%）
1	道路与交通设施用地		
2	绿地与广场用地		
3	公共管理与公共服务用地		
4	居住用地中的服务设施用地		
5	其他公益性用地		
	合计		

（4）永久基本农田和生态保护红线

1）永久基本农田

依据项目所在地国土空间规划判别方案片区是否占用永久基本农田。

2）生态保护红线

核查方案片区是否避让了生态保护红线，并形成片区与生态保护红线位置关系图。

3）永久生态保护区域

根据项目区所在地《永久性保护生态区域管理规定》等条例和法规，核查方案片区是否占用该地区永久性保护生态区域，并形成片区与永久性保护生态区域位置关系示意图。

4）项目所在地其他生态用地要求

项目所在地如有其他生态用地限制条件，补充说明是否占用其他生态用地。

（5）土地利用效率情况

项目所在地增存挂钩是否完成，有无闲置土地处置任务，是否已完成国家下达的批而未供和闲置土地处置比例考核指标，土地利用效率是否符合成片开发要求。

（6）新增建设用地年度计划和耕地占补平衡情况

判别项目开发所需新增建设用地指标是否符合新增建设用地年度计划，耕地占补平衡剩余指标是否满足片区开发建设过程中耕地占补平衡要求。

（7）储备土地纳入年度计划和预算管理情况

本方案成片开发范围内拟征收地块是否纳入该地区土地储备计划，相关预算是否纳入项目预算管理，土地储备资金来源是否有保障。

4.4 拟定成片开发拟实施征收项目和开发时序

在成片开发范围内筛选符合条件且拟于当年度实施土地征收项目，形成实施计划。根据规划建设计划、被征地单位意愿、征地资金情况、土地审批信息情况等因素，综合分析论证后制定各项目开发时序及详细年度实施计划。

4.5 成片开发效益评估

对拟征地展开用地社会效益、经济效益、生态效益评估。评估项目开发建设是否优化产业结构，推动产业创新；是否提升生态环境质量，促进生态环境持续优化；是否提供大量就业岗位，增加居民收入，完善公共配套与基础设施，提升服务水平，进一步满足居民的生活需求。

4.6 程序履行情况

本方案是否已按照自然资源部《土地征收成片开发标准（试行）》和项目所在地《土地征收成片开发标准实施细则（试行）》要求，完成征求人大代表、政协委员、社会公众和有关专家学者的意见以及征求土地征收成片开发范围内农村集体经济组织和农民的意见工作。具体情况如下：

（1）征求人大代表、政协委员、社会公众及专家意见工作执行情况

本方案编制过程中是否充分听取了社会各界意见：是否通过征求意见函向人大代表、政协委员征求意见，人大代表和政协委员是否均一致同意本方案；是否采取函询方式征求相关领域专家意见，按照专家意见对方案修改完善并形成专家咨询意见采纳情况说明；是否通过在政务网进行公示征求社会公众意见，截至公示期满，是否未收到反对意见。

（2）征求集体经济组织意见工作执行情况

本方案成片开发范围涉及农村集体经济组织是否召开村民代表会议进行审议；各农村集体经济组织是否同意该方案，并形成书面意见；各农村集体经济组织参会村民代表同意方案的比例是否均符合经村集体经济组织村民代表会议三分之二以上村民代表同意的要求。

4.7 提出拟评估结论

得出该成片开发项目是否有必要、开发方案是否满足标准要求、方案编制程序规范是否切实可行、方案是否切实维护被征地农民合法权益的结论。

第十六章　土地供给政策经济绩效评价实习方案

1. 目的、关键技能与准备

1.1 实习目的

本实习重点培养学生开展土地供给政策经济绩效评价的空间计量经济分析能力，包括采用空间相关性分析莫兰指数法检验是否存在相关性、针对经济增长空间相关性显著的区域建立和选择空间计量模型进行估计和检验、识别土地供给政策对区域经济增长影响的直接效应和空间外溢效应。培养学生熟悉国家区域协同发展战略，提升学生创新意识和科学精神。

1.2 关键技能

本实习涉及的基础技能：（1）地理数据空间分析；（2）地图制图。

本实习学习的关键技能：（1）空间自相关分析；（2）空间权重矩阵的构建；（3）空间计量模型的选择与应用；（4）空间面板模型与普通面板模型的区别。

1.3 资料准备

（1）软件准备：GeoDa、Matlab；

（2）图件准备：某地区行政区划图.shp。

（3）数据准备：经济增长（如人均 GDP）、土地供给来源（新增与存量）、土地供给方式（土地有偿使用率）、土地供给结构（工矿仓储用地、商服用地等）的面板数据。

2. 实习任务

（1）所用指标的全局自相关分析，以及变化趋势或特点分析；

（2）空间权重矩阵的类型，以及不同类型空间矩阵反映的空间关系之差异；

（3）空间计量模型选择的步骤或逻辑，以及空间计量模型与普通面板模型的区别；

（4）空间计量模型中土地供给政策的直接效应与普通面板模型估计结果在显著性和数值上的差异、存在空间外溢效应的变量，以及空间外溢效应的特征。

3. 实习相关基本原理和方法

3.1 基本原理

空间计量经济学中主要使用 Moran's I 指数以及 Geary 指数度量空间相关性。本实习主要使用 Moran's I 指数对空间相关性进行度量。Moran's I 指数反映的是空间邻接或者空间邻近的区域单元属性值的相似程度。全局性 Moran's I 指数的计算公式为：

$$I = \frac{n \sum_{i=1}^{n} \sum_{j=1}^{n} w_{ij}(x_i - \overline{x})(x_j - \overline{x})}{\sum_{i=1}^{n} \sum_{j=1}^{n} w_{ij} \sum_{i=1}^{n} (x_i - \overline{x})^2} \tag{16-1}$$

其中，x_i、x_j 分别为 i 地区、j 地区 GDP（GDP 增长率）的观测值，$\overline{X}$ 是 GDP（GDP 增长率）的平均值，W_{ij} 为空间权重矩阵。对于全局 Moran's I 指数，可以利用标准化统计量 I 来检验区域经济发展自相关显著性水平。当 $I\in$（0，1）时，表明某地区经济发展存在正的空间自相关，表现为空间集聚特征；当 $I\in$（-1，0）时，表明某地区经济发展存在负的空间自相关，表现为空间分散特征；当 I=0 时，表明不存在空间自相关，经济增长观测值在空间上随机独立分布。

如果经济增长具有显著空间自相关，则传统的非空间面板数据模型因未考虑到这种不同地区间的空间相关性而降低了估计的精确性，此时需要构建空间计量模型观察土地供应结构对经济增长的影响。

3.2 方法

常见的空间计量模型主要包括空间滞后模型（SAR）、空间误差模型（SEM）、空间杜宾模型（SDM），本实习以 SDM 为例，其模型表达式为：

$$Y_{it} = \alpha \sum_{j=1}^{n} W_{ij,t}Y_{jt} + \beta \sum_{j=1}^{n} W_{ij,t}X_{ij,t} + \chi X_{it} + \delta Z_{it} + s_i + v_t + u_{it} \tag{16-2}$$

其中，W 为空间权值矩阵，S_i 表示空间固定效应，v_i 表示时间固定效应，u_{it} 表示随机误差项，$u_{it} = \eta \sum_{j=1}^{n} W_{ij,t}u_{ij,t} + \varepsilon_t$。当 $\beta=\eta=0$ 时，模型为空间滞后模型，表示某地区经济增长不仅受到本地区相关变量的影响，还受到相邻地区经济增长的影响；当 $\alpha=\beta=0$ 时，模型为空间误差模型，表示某地区的经济增长除了受可以考察的相关变量的影响，还受部分难以观测到并且具有一定空间结构的随机干扰项的影响；当 $\eta=0$ 时，模型为空间杜宾模型，表示某地区的经济增长除了受到相邻区域经济增长的空间溢出效应影响外，还取决于相邻地区的其他变量的变化。

本实习借助经济增长的生产函数模型的传统框架，同时为消除数据序列的异方差，构建土地供应结构对地区经济影响的计量经济模型如下：

$$lgdpgr_{it} = \alpha_0 + \alpha_1 lzlgy_{it} + \alpha_2 lclgy_{it} + \alpha_3 lgkyd_{it} + \alpha_4 lsfyd_{it} +$$
$$\alpha_5 lzzyd_{it} + \alpha_6 lggyd_{it} + \alpha_7 ljtyd_{it} + \alpha_8 qtyd_{it} \tag{16-3}$$

其中 $dpgr$ 为因变量，反映地区经济增长水平，$lzlgy$、$lclgy$、$lgkyd$、$lsfyd$、$lzzyd$、$lggyd$、$ljtyd$、$qtyd$ 为反映土地供给结构的相关解释变量。

依据埃尔霍斯特（Elhorst，2014）关于空间面板数据模型的研究，进行 Lagrange multiplier（LM）检验，通过比较 LMlag 和 LMerror（R-LMlag 和 R-LMerror）值确定应该采用 SLM、SEM 还是 SDM 更为合适。之后采用 Likelihood Ratio（LR）检验确定固定效应是否明显，并通过 Hausman 检验进行固定效应与随机效应的选择判断，同时结合 Wald 检验，以确认空间杜宾模型是否可以简化为空间滞后模型或空间误差模型，确定最终的空间计量模型形式。

上述分析中的空间权重矩阵是空间计量经济学模型的核心要素，本实习将介绍利用 GeoDa 软件生成该矩阵的过程。GeoDa 软件是由美国科学院院士、美国亚利桑那州立大学卢克·安索林（Luc Anselin）教授开发，可在芝加哥大学空间数据科学中心（the Center for Spatial Data Scinence, the University of Chicago）主页（https://spatial.uchicago.edu/software）免费获得。

关于空间计量分析的软件实现，可基于 Matlab、Stata、R 等软件实现。本实习案例分析主要基于 Matlab 进行，利用的空间计量经济学工具箱研发者为美国得克萨斯州立大学（Texas State University）的詹姆斯·勒沙杰（James P. LeSage）教授及其他相关学者，其中实现空间面板数据模型估计和检验功能的 Matlab 代码主要由荷兰格罗宁根大学（University of Groningen）的保罗·埃尔霍斯特（Paul Elhorst）教授编写。工具箱可在网站 http://www.spatial-econometrics.com/ 上获得。

4. 操作步骤

4.1 利用 GeoDa 进行空间自相关分析的相关操作

步骤 1. 基础准备

①GeoDa 软件；②城市群及各省 shp 文件（含有 2009—2015 年 GDP 及 GDP 增长率数据字段）。

步骤 2. 导入相应图层

在 GeoDa 软件中依次点击 File>New Project From>ESRI shp；以 H 省为例。

步骤 3. 构建空间权重文件

依次点击 tools>weights>create，打开"weights file creation"，点击"add id variable"，在"existing variables"中选择"Object-ID"项（也可以选其他项，但其包含的数值要唯一），然后在"Contiguity Weight"中选择"Queen contiguity"，其他为默认，从而创建出

空间权重矩阵。

步骤 4. 全局空间自相关分析和局部空间自相关分析

全局空间自相关分析：依次点击 space>univariate moran's *I*，在弹出的"variable settings"中选择 first variable（x）为 GDP，点击"OK"，即可得到含有全域 Moran's *I* 数值的 Moran 散点图。

局部空间自相关分析：依次点击 space>univariate local moran's *I*，在弹出的"variable settings"中依次选择各年 GDP，点击"OK"，如图 16-1 所示，表示变量为 GDP_2009 的输出结果。接下来，在弹出的"what windows to open？"中勾选 Significance Map、Cluster Map、Moran Scatter Map，点击"OK"，即可得到局部 Moran's *I* 数值和 Moran 散点图，以及 LISA（Local Indicators of Spatial Association）集聚图。

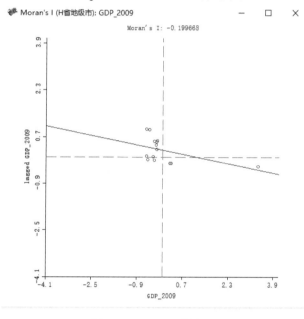

图 16-1　Moran 散点图

4.2 Matlab 相关操作方法

4.2.1 数据处理

步骤 1. 数据处理

面板数据处理方法和普通面板数据处理方法一致，保存为 HBSJ.xlsx。

步骤 2. 生成空间权重矩阵

空间权重矩阵的生成方法要借助 GeoDa 软件。在空间相关性分析过程中打开 H 省地级市.shp 文件后，创建了一个空间权重矩阵文件"H 省地级市.gal"，用 Windows 自带的记事本软件打开该文件，如图 16-2 所示。

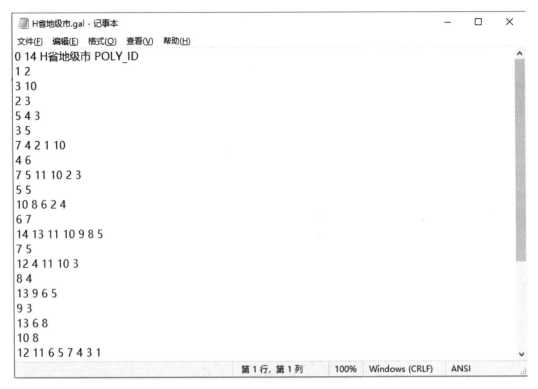

图 16-2　GeoDa 创建的空间权重矩阵

　　文件第一行中"14"表示该空间权重文件的空间单元个数为"14"，即本案例中 H 省包括 13 个地级行政区和 1 个省直辖行政单位（为演示和数据获取方便，此处将 H 省直辖行政单位合并为一个空间单元进行分析），下面每两行为一组，分别表示为：**号区域周边有几个区域与其相邻，相邻的区域即为下一行所显示的几个数字序号代表。如图 16-2 所示，第二行为"12"，说明与空间单元 1 相邻的空间单元有两个，根据第三行，这两个即为序号 3 和 10 的空间单元。

　　基于上述空间权重矩阵文件内容，新建 Excel 表格以构建 Matlab 所识别的权重矩阵，如图 16-3 所示（该表是以城市群为对象，因此出现大于序号 20 的城市）。相邻的区域赋值 1，不相邻的区域赋值 0，C2 格中数值为 1，说明空间单元 20 与空间单元 27 是相邻的，D2 格中数值为 0，说明空间单元 20 与空间单元 15 是不相邻的。表格中对角线的值一律都为 0。注意：权重矩阵空间单元的排列顺序一定要和面板数据中排列顺序保持一致。

◢	A	B	C	D	E	F	G	H	I	J	K	L	M
1		20	27	15	21	17	23	18	19	25	22	28	16
2	20	0	1	0	0	0	1	0	1	1	1	1	0
3	27	1	0	0	0	0	1	0	0	0	1	1	0
4	15												
5	21												
6	17												
7	23												
8	18												
9	19												
10	25												
11	22												
12	28												
13	16												

图 16-3　权重文件编制过程

编制完成后，删除首行首列的区域代码，最终结果如图 16-4 所示。

◢	A	B	C	D	E	F	G	H	I	J	K	L
1	0	1	0	0	0	1	0	1	1	1	1	0
2	1	0	0	0	0	1	0	0	0	1	1	0
3	0	0	0	0	1	0	0	0	0	0	0	0
4	0	0	0	0	1	0	1	0	1	0	0	0
5	0	0	1	1	0	0	1	0	0	0	0	1
6	1	1	0	0	0	0	0	0	0	1	0	0
7	0	0	0	1	1	0	0	1	1	0	0	1
8	1	0	0	0	0	0	1	0	0	1	0	1
9	1	0	0	1	0	0	1	0	0	0	1	0
10	1	1	0	0	0	1	0	1	0	0	0	0
11	1	1	0	0	0	0	0	0	0	0	0	0
12	0	0	0	0	1	0	1	1	0	0	0	0

图 16-4　权重文件编制结果

当所有数据填完整后，由于在 Matlab 中运行的权重文件格式是 dat 文件，一般可先将此 Excel 文件保存为 CSV 格式，然后将 CSV 文档后缀名改为 dat，最终得到 dat 文件 HBWZJZ.dat。

4.2.2 Matlab 计算

步骤 1. 准备工作

首先将空间计量程序包"jplv7"复制到 Matlab 安装文件的程序包"toolbox"下。

步骤 2. 数据存放

将准备好的面板数据 HBSJ.xlsx、H 省空间权重矩阵文件 HBSJ.dat 放在空间计量工具包中空间分析"spatial"文件夹里的面板数据分析模块文件夹"panel"中（jplv7\spatial\panel），如图 16-5 所示。也可通过 Matlab 数据调入文件进行，此方法可参考相关 Matlab 应用书籍。

图 16-5　文件存放位置

步骤 3. 调用空间计量分析命令

确认存放位置后，更改运行命令中相应的命令，如图 16-6 所示。

```
clear
A=xlsread('D:\MATLAB 2020b\toolbox\jplv7\spatial\panel\HBSJ.xlsx');
load('D:\MATLAB 2020b\toolbox\jplv7\spatial\panel\HBQZJZ.dat');
W=normw(HBQZJZ);
T=7;
N=12
y=A(:,[3]);
x=A(:,[4,5,7,8,9,10,11,12]);
for t=1:T
t1=(t-1)*N+1;t2=t*N;
wx(t1:t2,:)=W*x(t1:t2,:);
end
xconstant=ones(N*T,1);
[nobs K]=size(x);
results=ols(y,[xconstant x]);
vnames=strvcat('y','intercept','lzlgy','lclgy','lgkyd','lsfyd','lzzyd','lggyd','ljtyd','lqtyd');
prt_reg(results,vnames,1);
sige=results.sige*((nobs-K)/nobs);
loglikols=-nobs/2*log(2*pi*sige)-1/(2*sige)*results.resid'*results.resid
LMsarsem_panel(results,W,y,[xconstant x]); %面板 OLS 检验
```

图 16-6　更改文件存放的位置

点击 Matlab 菜单栏>主页>设置路径。在"设置路径"弹窗中，添加空间计量工具包"jplv7"所在位置即可，如图 16-7 所示。

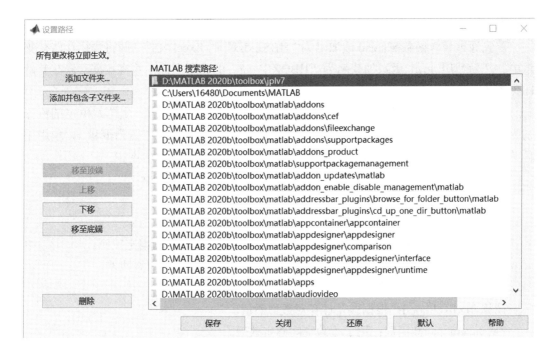

图 16-7　添加空间计量工具包路径

步骤 4. 运算程序，得到计算结果，如图 16-8 所示。

图 16-8　运行程序

部分程序语句解释：

模型的确定过程主要包括几个阶段：（1）通过对基本 OLS 回归模型、空间固定效应模型、时间固定效应模型、时间空间固定效应模型中的 LM 检验，判断是否需要考虑空间效应；（2）通过 LR 检验，判定固定效应的形式；（3）通过 Wald 检验，判断空间杜宾模型是否可以简化为空间滞后或者空间误差模型；（4）通过 Hausman 检验，判断随机效应模型和固定效应模型中哪个更适合。

首先通过导入函数 xlsread 读取名为"HBSJ.xlsx"的 Excel 文件，并将数据存储在变量中。然后使用 load 函数加载名为"HBQZJZ.dat"的数据文件，并将数据存储在变量 HBQZJZ 中。

接下来，计算 W 矩阵，即使用 HBQZJZ 计算得到的权重矩阵。设置 T 和 N 的值分别为 7 和 12。将 A 矩阵的第三列作为因变量 y，第四至第十二列作为自变量 x，使用循环计算 wx 矩阵，其中 $t1$ 和 $t2$ 分别表示各个时间期的起始点和终止点。

ols 函数：使用最小二乘法进行回归分析，得到回归结果 results。

prt_reg 函数：打印回归结果。

（1）model=1；

计算固定效应 sfe：根据去均值处理后的结果和回归系数计算固定效应。

计算残差 error：根据原始 y、去均值处理后的 y 和回归系数计算残差。

计算 R-squared：根据残差计算 R-squared 值。

计算 log likelihood：根据残差计算对数似然值。

LMsarsem_panel 函数：用于检验空间固定效应。

N：数据集中的观测数量为 12。

（2）model=2；

计算的是时间固定效应，并进行相应的检验。

（3）model=3；

计算的是同时考虑空间固定效应和时间固定效应的结果，并进行相应的检验。

（4）direct_indirect_effects_estimates 命令用于效应分析，估计直接和间接效应。

（5）Wald 统计量检验，用于检验空间杜宾模型是否可以简化为空间滞后或空间误差模型。

（6）Hausman 统计量检验，判断固定效应模型和随机效应模型中哪个更适合。

部分运行结果解释：

（1）第一部分使用 OLS 模型进行面板数据回归分析，程序如图 16-9 所示，结果如图 16-10 所示。

```
T=7;
N=14
y=A(:,[3]);
x=A(:,[4,5,6,7,8,9,10]);
for t=1:T
t1=(t-1)*N+1;t2=t*N;
wx(t1:t2,:)=W*x(t1:t2,:);
end
xconstant=ones(N*T,1);
[nobs K]=size(x);
results=ols(y,[xconstant x]);
vnames=strvcat('y','intercept','lzlgy','lclgy','lgkyd','lsfyd','lzzyd','lggyd','ljtyd');
prt_reg(results,vnames,1);
sige=results.sige*((nobs-K)/nobs);
loglikols=-nobs/2*log(2*pi*sige)-1/(2*sige)*results.resid'*results.resid
LMsarsem_panel(results,W,y,[xconstant x]); %面板 OLS 检验
```

图 16-9　OLS 模型运行程序

```
Ordinary Least-squares Estimates
Dependent Variable =           y
R-squared         =      0.2980
Rbar-squared      =      0.2434
sigma^2           =      0.1005
Durbin-Watson     =      1.9467
Nobs, Nvars       =      98, 8
**********************************************************
Variable      Coefficient      t-statistic      t-probability
intercept       2.616465         6.869207         0.000000
lzlgx           0.058473         0.190427         0.849403
lclgx          -0.055040        -0.309223         0.757867
lgkyd          -0.151890        -0.809745         0.420222
lsfyd           0.002815         0.012930         0.989712
lzzyd           0.478480         3.194500         0.001931
lggyd          -0.122724        -1.264751         0.209226
ljtyd           0.127991         2.092451         0.039214
loglikols = -22.3079
T = 7
LM test no spatial lag, probability            =     0.0537,    0.817
robust LM test no spatial lag, probability     =     7.8964,    0.005
LM test no spatial error, probability          =     1.5532,    0.213
robust LM test no spatial error, probability   =     9.3959,    0.002
```

图 16-10　OLS 模型运行结果

R-squared（拟合优度）为 0.2980，Rbar-squared（调整拟合优度）为 0.2434，为考虑了解释变量数量和样本量对 R-squared 的调整后值。

sigma^2（残差方差）为 0.1005，表示模型的残差的平方的平均值。

Durbin-Watson 检验值为 1.9467，一般用于检验模型中是否存在自相关。此值接近于 2，说明并不存在严重的自相关。

Loglikols 表示似然比检验的结果。

此外，各解释变量拟合的回归系数、t 统计量及伴随概率的结果均能显现。

最下面的几个统计量结果分别表示拉格朗日乘子检验（LM）的几种情况：

LM test no spatial lag：不存在空间滞后项的 LM 统计量（简称 LM-lag 统计量）检验。

robust LM test no spatial lag：稳健性的 LM-lag 统计量检验。

LM test no spatial error：不存在空间误差项的 LM 统计量（简称 LM-error 统计量）检验。

robust LM test no spatial lag：稳健性的 LM-error 统计量检验。

（2）Model=1, 2, 3 的结果形式与第一部分类似，分别表示考虑空间固定效应、时间固定效应、空间时间双固定效应的检验结果。

通过几种模型下的 LM 统计量的检验结果，由于大部分都是显著的，可以看出空间因素确实需要考虑，需要构建空间计量模型。

（3）利用 LR 检验判断固定效应的具体形式

```
LR=-2*(logliktfe-loglikstfe);
dof=N;
probability=1-chis_prb(LR,dof);
fprintf(1,'LR-test joint significance spatial fixed effects, degrees of freedom and probability = %9.4f,%6d,%9.4f \n',LR,dof,probability);
```

图 16-11　LR 检验空间固定效应是否显著的程序

```
LR=-2*(logliksfe-loglikstfe);
dof=T;
probability=1-chis_prb(LR,dof);
fprintf(1,'LR-test joint significance time-periode fixed effects, degrees of freedom and probability = %9.4f,%6d,%9.4f \n',LR,dof,probability);
```

图 16-12　LR 检验时间固定效应是否显著的程序

```
LR-test joint significance spatial fixed effects, degrees of freedom and probability = 139.9461, 14, 0.0000

LR-test joint significance time-periode fixed effects, degrees of freedom and probability = 132.4043, 7, 0.0000
```

图 16-13　LR 检验固定效应的结果

从图 16-13 可以看出，空间固定和时间固定效应均显著，因此选择双固定效应模型。

（4）双固定效应下的空间杜宾模型拟合

首先是模型的几个基本统计量，包括 R-squared（拟合优度）、corr-squared（调整后的拟合优度）、sigma^2（残差方差）及 log-likelihood（对数似然比）。

Pooled model with spatially lagged dependent variable, spatial and time period
fixed effects

Dependent Variable = y

R-squared = 0.9361

corr-squared = 0.2470

sigma^2 = 0.0045

Nobs,Nvar,#FE = 98, 15, 34

log-likelihood = 132.61845

图 16-14　各统计量计算结果

接下来是每个自变量的系数及其统计显著性。

每一列依次为自变量名称、系数值、渐近 t 统计量、z 概率。

统计显著性通常通过渐近 t 统计量或 z 概率判断，较小的 p 值表示自变量对因变量的影响显著。可以看到，大多数自变量的空间滞后项是显著的。

Variable	Coefficient	Asymptot t-stat	z-probability
lzlgy	0.249020	2.092281	0.036413
lclgy	0.041328	0.858744	0.390482
lgkyd	-0.004477	-0.078659	0.937304
lsfyd	-0.227505	-2.140308	0.032330
lzzyd	-0.080449	-1.357808	0.174525
lggyd	0.057557	1.670429	0.094835
ljtyd	-0.005326	-0.259523	0.795232
Wlzlgy	0.916740	2.979844	0.002884
Wlclgy	0.173921	1.201784	0.229447
Wlgkyd	0.186762	1.324201	0.185436
Wlsfyd	-0.665334	-2.628853	0.008567
Wlzzyd	-0.300456	-1.930644	0.053527
Wlggyd	-0.040257	-0.490955	0.623458
Wljtyd	-0.080214	-1.598054	0.110031
W*dep.var.	-0.221625	-1.484992	0.137546

图 16-15　各个解释变量回归系数的拟合结果

（5）基于空间杜宾模型的效应分解

图 16-16 是基于空间杜宾模型效应估计的运行程序。

```
spat_model=1;
direct_indirect_effects_estimates(results,W,spat_model);
```

图 16-16　基于空间杜宾模型的效应估计程序

图 16-17 显示直接效应、间接效应和总效应的估计值及相应的 t 统计量。每一列依次为直接效应、直接效应的 t 统计量、间接效应、间接效应的 t 统计量、总效应、总效应的 t 统计量。直接效应表示自变量对因变量的直接影响，间接效应表示自变量通过空间滞后因变量对因变量的影响。

direct	t-stat	indirect	t-stat	total	t-stat
ans =					
0.2135	1.9132	0.7601	2.8260	0.9736	2.9082
0.0349	0.7236	0.1438	1.1356	0.1787	1.2423
-0.0143	-0.2585	0.1645	1.3889	0.1502	1.0659
-0.2018	-1.9626	-0.5454	-2.5122	-0.7472	-2.8972
-0.0692	-1.1470	-0.2511	-1.8866	-0.3203	-1.9537
0.0605	1.8323	-0.0447	-0.6645	0.0158	0.1996
-0.0018	-0.0933	-0.0690	-1.5972	-0.0708	-1.3007

图 16-17　直接效应和间接效应分解结果

（6）Wald 检验

Wald_spatial_lag：空间滞后模型的 Wald 统计量，用于检验空间杜宾模型是否可以简化为空间滞后模型。图 16-18 和图 16-19 反映出相关程序及结果。

Wald_spatial_error：空间误差模型的 Wald 统计量，用于检验空间杜宾模型是否可以简化为空间误差模型。较小的 p 值表示滞后项或误差项对因变量的影响是显著的。图 16-20 和图 16-21 反映出相关程序及结果。

```
btemp=results.parm;
varcov=results.cov;
Rafg=zeros(K,2*K+2);
for k=1:K
Rafg(k,K+k)=1; % R(1,3)=0 and R(2,4)=0;
end
Wald_spatial_lag=(Rafg*btemp)'*inv(Rafg*varcov*Rafg')*Rafg*btemp
prob_spatial_lag= 1-chis_cdf (Wald_spatial_lag, K) % probability greater than
0.05 points to insignificance
```

图 16-18　是否可简化为空间滞后模型的 Wald 检验命令

$$Wald\_spatial\_lag = 14.3024$$

$$prob\_spatial\_lag = 0.0461$$

图 16-19　是否可简化为空间滞后模型的 Wald 检验结果

```
for k=1:K
R(k)=btemp(2*K+1)*btemp(k)+btemp(K+k);
%    R(1)=btemp(5)*btemp(1)+btemp(3);
%    R(2)=btemp(5)*btemp(2)+btemp(4);
end
Rafg=zeros(K,2*K+2);
for k=1:K
Rafg(k,k)=btemp(2*K+1);
Rafg(k,K+k)=1;
Rafg(k,2*K+1)=btemp(k);
end
%Rafg(1,1)=btemp(5);Rafg(1,3)=1;Rafg(1,5)=btemp(1);
%Rafg(2,2)=btemp(5);Rafg(2,4)=1;Rafg(2,5)=btemp(2);
Wald_spatial_error=R'*inv(Rafg*varcov*Rafg')*R
prob_spatial_error=1-chis_cdf (Wald_spatial_error,K) %probability greater than
0.05 points to insignificance
```

图 16-20　是否可简化为空间误差模型的 Wald 检验命令

$$Wald\_spatial\_error = 14.3517$$

$$prob\_spatial\_error = 0.0453$$

图 16-21　是否可简化为空间误差模型的 Wald 检验结果

（7）Hausman 检验

图 16-22 显示 Hausman test-statistic 为-10.3448，p 值大于 0.05，说明使用随机效应模型比使用固定效应模型更合适。

Hausman test-statistic, degrees of freedom and probability =-10.3448, 15, 0.7975

图 16-22　Hausman 检验结果

如果需要使用随机效应，则估计的程序如图 16-23 所示。

```
logliklag=results.lik;
blagfe=results.parm(1:end-1);
covblagfe=results.cov(1:end-1,1:end-1);
[ywith,xwith,meanny,meannx,meanty,meantx]=demean(y,[x wx],N,T,0);
info.model=3;
results=sar_panel_RE(ywith,xwith,W,T,info);
prt_sp(results,vnames,1);
```

图 16-23　基于随机效应的空间杜宾模型估计程序

其结果解读及后续效应分解与前文类似，在此不再赘述。

参考文献

1. Elhorst, J. P. Matlab software for spatial panels[J]. *International Regional Science Review*, 2014, 37(3): 389-405.

2. 陈小卉，闾海. 国土空间规划体系建构下乡村空间规划探索——以江苏为例[J]. 城市规划学刊，2021，261（01）：74-81.

3. 韩博，金晓斌，孙瑞，等. 新时期国土综合整治分类体系初探[J]. 中国土地科学，2019，33（8）：79-88.

4. 胡振琪，等. 土地整治学[M]. 北京：中国农业出版社，2017.

5. 黄凌翔，等. 土地市场、土地供给与区域经济发展[M]. 北京：中国财政经济出版社，2021.

6. 季正嵘，李京生. 论多规合一村庄规划的实用性与有效性[J]. 同济大学学报（自然科学版），2021，49（03）：332-338.

7. 贾文涛. 从土地整治向国土综合整治的转型发展[J]. 中国土地，2018，388（05）：16-18.

8. 蒋治国，王骁，何旻. "多规合一"实用性村庄规划编制实践中的关键问题探讨——以四川省为例[J]. 城乡规划，2023，（04）：31-39.

9. 刘悦忻，等. "以人为本"的村庄规划理念探索及其实践——以北京市大兴区朱脑村为例[J]. 中国土地科学，2020，34（10）：18-27，68.

10. 毛赞猷，等. 新编地图学教程[M]. 第三版. 北京：高等教育出版社，2017.

11. 孟旭光，卜善祥，李新玉. 国土整治的国际化特征与发展趋势[J]. 中国矿业，2003，（09）：2-4.

12. 牛强，等. 城乡规划GIS技术应用指南：国土空间规划编制和双评价[M]. 北京：中国建筑工业出版社，2021.

13. 汤国安，杨昕，张海平. ArcGIS地理信息系统空间分析实验教程[M]. 第三版. 北京：科学出版社，2021.

14. 田玉福. 德国土地整理经验及其对我国土地整治发展的启示[J]. 国土资源科技管理，2014，31（01）：110-114.

15. 夏方舟，杨雨濛，严金明. 中国国土综合整治近40年内涵研究综述：阶段演进与发展变化[J]. 中国土地科学，2018，32（5）：78-85.

16. 许景权. 基于空间规划体系构建对我国空间治理变革的认识与思考[J]. 城乡规划，2018（5）：14-20.

17. 严金明，陈昊，夏方舟. "多规合一"与空间规划：认知、导向与路径[J]. 中国土地科学，2017，31（1）：21-27，87.

18. 杨树文，等. 遥感数字图像处理与分析——ENVI 5.x 实验教程[M]. 第二版. 北京：电子工业出版社，2019.

19. 杨元喜，等. 卫星导航定位原理[M]. 北京：国防工业出版社，2021.

20. 袁源，等. 国土空间规划体系下村庄规划编制的分级谋划与纵向传导研究[J]. 城市规划学刊，2020（6）：43-48.

21. 袁中友，杜继丰，王枫. 日本土地整治经验及其对中国的启示[J]. 国土资源情报，2012，135（03）：15-19.

22. 郧文聚. 鸟瞰日本土地整治[J]. 中国土地，2011（3）：55-57.